转型发展系列教材

大学生形势与政策（2018）

主　编　王　彦　徐文生
副主编　陈国启　凃　玥

西南交通大学出版社
·成　都·

图书在版编目（CIP）数据

大学生形势与政策. 2018 / 王彦，徐文生主编. —
成都：西南交通大学出版社，2018.8
转型发展系列教材
ISBN 978-7-5643-6364-2

Ⅰ. ①大… Ⅱ. ①王… ②徐… Ⅲ. ①时事政策教育
– 高等学校 – 教材 Ⅳ. ①G641.4

中国版本图书馆 CIP 数据核字（2018）第 190907 号

转型发展系列教材

大学生形势与政策（2018）

主编 王 彦 徐文生

责任编辑 梁 红
特邀编辑 樊兴博
封面设计 严春艳
出版发行 西南交通大学出版社
（四川省成都市二环路北一段 111 号
西南交通大学创新大厦 21 楼）
发行部电话 028-87600564 028-87600533
邮政编码 610031
网址 http://www.xnjdcbs.com
印刷 四川煤田地质制图印刷厂
成品尺寸 185 mm × 260 mm
印张 7
字数 175 千
版次 2018 年 8 月第 1 版
印次 2018 年 8 月第 1 次
书号 ISBN 978-7-5643-6364-2
定价 19.00 元

课件咨询电话：028-87600533
图书如有印装质量问题 本社负责退换

转型发展系列教材编委会

总　序

教育部、国家发展改革委、财政部《关于引导部分地方普通本科高校向应用型转变的指导意见》指出：

“当前，我国已经建成了世界上最大规模的高等教育体系，为现代化建设作出了巨大贡献。但随着经济发展进入新常态，人才供给与需求关系深刻变化，面对经济结构深刻调整、产业升级加快步伐、社会文化建设不断推进特别是创新驱动发展战略的实施，高等教育结构性矛盾更加突出，同质化倾向严重，毕业生就业难和就业质量低的问题仍未有效缓解，生产服务一线紧缺的应用型、复合型、创新型人才培养机制尚未完全建立，人才培养结构和质量尚不适应经济结构调整和产业升级的要求。”

“贯彻党中央、国务院重大决策，主动适应我国经济发展新常态，主动融入产业转型升级和创新驱动发展，坚持试点引领、示范推动，转变发展理念，增强改革动力，强化评价引导，推动转型发展高校把办学思路真正转到服务地方经济社会发展上来，转到产教融合校企合作上来，转到培养应用型技术技能型人才上来，转到增强学生就业创业能力上来，全面提高学校服务区域经济社会发展和创新驱动发展的能力。”

高校转型的核心是人才培养模式，因为应用型人才和学术型人才是有所不同的。应用型技术技能型人才培养模式，就是要建立以提高实践能力为引领的人才培养流程，建立产教融合、协同育人的人才培养模式，实现专业链与产业链、课程内容与职业标准、教学过程与生产过程对接。

应用型技术技能型人才培养模式的实施，必然要求进行相应的课程改革，我们这套“转型发展系列教材”就是为了适应转型发展的课程改革需要而推出的。

希望教育集团下属的院校，都是以培养应用型技术技能型人才为使命，人才培养目标与国家大力推动的转型发展的要求高度契合。在办学过程中，围绕培养应用型技术技能型人才，教师们在不同的课程教学中进行了卓有成效的探索与实践。为此，我们将经过教学实践检验的、较成熟的讲义陆续整理出版。一来与兄弟院校共同分享这些教改成果，二来也希望兄弟院校对于其中的不足之处进行指正。

让我们携起手来，增强转型发展的历史使命感，大力培养应用型技术技能型人才，使其成为产业转型升级的“助推器”、促进就业的“稳定器”、人才红利的“催化器”！

汪辉武

2016 年 6 月

前　言

2018 年教育部颁布的《关于加强新时代高校“形势与政策”课建设的若干意见》文件指出，“形势与政策”课是理论武装时效性、释疑解惑针对性、教育引导综合性都很强的一门高校思想政治理论课，是帮助大学生正确认清新时代国内外形势，深刻领会党的十八大以来党和国家事业取得的历史性成就、发生的历史性变革、面临的历史性机遇和挑战的核心课程，是第一时间推动党的理论创新成果进教材进课堂进学生头脑，引导大学生准确理解党的基本理论、基本路线、基本方略的重要渠道。“形势与政策”课是高校思想政治理论课的重要组成部分，是每个大学生的必修课程，在大学生思想政治教育中担负着重要使命，具有不可替代的重要作用。

本书是为深入学习贯彻党的十九大精神，深入贯彻落实习近平总书记关于加强和改进高校思想政治工作的重要论述和中共中央、国务院《关于加强和改进新形势下高校思想政治工作的意见》精神，及时、准确、深入地推动习近平新时代中国特色社会主义思想进教材进课堂进学生头脑，宣传党中央大政方针，牢固树立“四个意识”，坚定“四个自信”，培养担当民族复兴大任的时代新人，依据中宣部、教育部下发的“高校形势与政策教育教学要点”，结合当前国际国内形势以及我院高等教育改革形势和大学生学习的特点编写而成。

“形势与政策”课是一门重要而又特殊的课程，之所以特殊是因为它的教学内容和时效性都有着特殊的要求，其政治性、思想性、时效性较强，既是相对稳定的却又是在不断发展变化的。当前，国内外经济政治形势、国际关系以及国内外热点事件发生了深刻的变化，本书采用专题式的编写方法，涉及国际和国内时政热点内容 9 个专题，阐明了我国政府的基本原则、基本立场与应对政策，能够帮助大学生及时而深刻地了解和认识国内外大事、党和国家面临的形势与任务，从而理解和掌握在复杂的国际形势下我国的基本原则和立场，坚定在中国共产党领导下走中国特色社会主义道路的信心与决心。

全书共分为九章。第一章：奋进新时代，开启新征程（张丽编写）；第二章：深入学习领会习近平新时代中国特色社会主义思想（李嫄编写）；第三章：2018 年机构改革和宪法修正案（陈国启编写）；第四章：改革开放四十周年（吴远添编写）；第五章：聚焦我国当前的经济形势和发展前景（涂玥编写）；第六章：坚持“一国两制”，推进祖国统一（李海霞编写）；第七章：中国外交局势与国际政治经济关系新格局（李松编写）；第八章：实现“一带一路”的新跨越（吴娅编写）；第九章：多难兴邦铸就和丰富民族精神（周媛颖编写）。

本书在编写过程中参考了大量专家、学者编写的相关文献资料，同时也查阅了大量网络资源、书刊和报纸的有关内容，努力体现权威性、前沿性，注重理论与实际的结合、历史与现实的结合、稳定性与变动性的结合、学习知识与发展能力的结合。

鉴于编者水平有限，书中如有疏漏和不足之处，敬请批评指正，以便我们在以后的工作中不断改进。

编者

2018 年 5 月

目　录

第一章　奋进新时代，开启新征程

“不忘初心，牢记使命，高举中国特色社会主义伟大旗帜，决胜全面建成小康社会，夺取新时代中国特色社会主义伟大胜利，为实现中华民族伟大复兴的中国梦不懈奋斗。”

2017 年 10 月 18 日，举世瞩目的中国共产党第十九次全国代表大会隆重开幕，习近平总书记代表第十八届中央委员会向大会做报告。“惟希望也，故进取；惟进取也，故日新。”报告全面总结过去五年的工作和历史性变革，做出“中国特色社会主义进入了新时代”的重大判断，深刻阐明新时代中国共产党的历史使命，系统阐述新时代中国特色社会主义思想和基本方略，面向未来提出党和国家事业发展的大政方针和行动纲领，开启全面建设社会主义现代化国家新征程。这是新时代坚持和发展中国特色社会主义的政治宣言和行动纲领，向全党全军全国各族人民发出了奋进新时代、开启新征程的进军号令。

第一节　新时代的本质内涵

习近平总书记在党的十九大报告中指出：“经过长期努力，中国特色社会主义进入了新时代，这是我国发展新的历史方位。”中国特色社会主义是改革开放以来党的全部理论和实践的主题，是我们党在新的历史时期不忘初心、牢记使命，为中国人民谋幸福、为中华民族谋复兴的必由之路。改革开放以来，几届中国共产党中央领导集体在坚持和拓展中国特色社会主义道路上开拓进取、不懈奋斗，把中国特色社会主义不断推向前进。中国特色社会主义进入新时代是顺应时代的需要、总结了实践历程、回应了人民的呼声。

“中国特色社会主义进入了新时代。”这是一个高瞻远瞩的政治定位，是一个与时俱进的科学结论。新时代既是基本尺度，可以以此来总结改革开放以来尤其是党的十八大以来我国所发生的历史性巨变，总结我们党领导和推进中国特色社会主义的基本经验和基本规律，凝练我们党推进中国特色社会主义理论创新和实践创新的重大成果；新时代又是战斗号角，吹响了决胜全面建成小康社会、开启全面建设社会主义现代化国家新征程、实现中华民族伟大复兴的进军号，激励全党不忘初心、牢记使命，在中国特色社会主义新的历史起点上不懈奋斗、不断前进。

党的十九大报告中用“五个时代”对中国特色社会主义新时代的本质内涵做了高度凝练和科学概括：“这个新时代，是承前启后、继往开来、在新的历史条件下继续夺取中国特色社会主义伟大胜利的时代，是决胜全面建成小康社会、进而全面建设社会主义现代化强国的时代，是全国各族人民团结奋斗、不断创造美好生活、逐步实现全体人民共同富裕的时代，是全体中华儿女勠力同心、奋力实现中华民族伟大复兴中国梦的时代，是我国日益走近世界舞台中央、不断为人类作出更大贡献的时代。”这一科学概括，从五个维度上揭示了中国特色社会主义新时代的本质内涵。

一、新时代的重大战略判断具有厚重的历史依据

中国特色社会主义进入新时代，不是抽象的概念认定，更不是凭空的主观臆断，而是依据改革开放以来尤其是党的十八大以来我们党的创新性贡献和当代中国发生的历史性巨变所做出的科学结论。改革开放以来，我们党团结带领全国各族人民，筚路蓝缕，不懈奋斗，推动中国特色社会主义一个阶段一个阶段地稳步前进，从而使党的面貌、国家的面貌、人民的面貌、军队的面貌、中华民族的面貌发生了翻天覆地的变化。“我国日益走近世界舞台中央、不断为人类作出更大贡献”，中国在短短几十年里走完了发达国家几百年走过的道路，创造了人类历史上的发展奇迹。中国奇迹发生在一个具有超长历史纵深、超大国土面积、超大人口规模的国家里，是人类迄今为止最伟大的政治、经济和社会变革。中国拥有世界上最完整的工业产业链条、最强大的工业制造能力。2010 年，中国制造业产值超过美国，成为全球制造业第一大国。中国已成为世界经济的动力之源和稳定之锚，对世界经济增长的贡献率达 30%，超过美国、日本和欧盟之和。正是这些历史性成就和伟大变革，把中国特色社会主义推进到了新时代。

二、新时代的重大战略判断具有特定的时空定位

新时代的时间定位是一个发展的过程，是在党的十八大以来以习近平同志为核心的党中央领导全党全军全国各族人民奋力开创中国特色社会主义新局面的发展过程中逐步形成的。我们不能静止地理解新时代，把十八大或者把十九大作为进入新时代的时间标志都有失偏颇，违背了时代特征的产生与发展的实践逻辑。新时代的空间定位，特指中国特色社会主义进入了新阶段，而不是泛指“大时代”“大阶段”发生了新变化。进入新时代，我国发展的历史方位变了，社会主要矛盾变了，但社会主义初级阶段的基本国情没有变，我国是世界上最大的发展中国家的国际地位没有变。我们党的理论和实践主题仍然是坚持和发展中国特色社会主义；我们高举的旗帜仍然是中国特色社会主义伟大旗帜；治国理政第一位的任务仍然是紧紧围绕坚持和发展中国特色社会主义这个主题，团结带领全国各族人民奋力实现“两个一百年”奋斗目标，谱写中国特色社会主义新的伟大篇章，让社会主义在中国展现出更加强大的生命力。

三、新时代的重大战略判断体现新的战略安排

党的十九大综合分析国际国内形势和我国发展条件，“决胜全面建成小康社会、进而全面

建设社会主义现代化强国”，是对新时代中国特色社会主义发展做出的新的战略安排。从现在到二〇二〇年，决胜全面建成小康社会。这是我们党对历史、对人民做出的庄严承诺。从二〇二〇年到二〇三五年，在全面建成小康社会的基础上，再奋斗十五年，基本实现社会主义现代化。从二〇三五年到本世纪中叶，在基本实现现代化的基础上，再奋斗十五年，把我国建成富强民主文明和谐美丽的社会主义现代化强国。这与原来的“三步走”战略目标相比，内涵更加充实，目标更加宏大，愿景更加美好。这是以习近平同志为核心的党中央承前启后、继往开来，在新的历史条件下继续夺取中国特色社会主义伟大胜利的时代；是全国各族人民团结奋斗、不断创造美好生活、逐步实现全体人民共同富裕的时代；是全体中华儿女勠力同心、奋力实现中华民族伟大复兴中国梦的时代；是社会主义中国日益走近世界舞台中央、不断为人类作出更大贡献的时代。从现代化国家升级为现代化强国，意味着新目标不是建成一般意义上的社会主义现代化国家，到那时，中华民族将完成从站起来、富起来到强起来的伟大飞跃，以更加昂扬的姿态屹立于世界民族之林。

四、新时代的重大战略判断具有深远的时代价值

“中国特色社会主义进入新时代，意味着近代以来久经磨难的中华民族迎来了从站起来、富起来到强起来的伟大飞跃，迎来了实现中华民族伟大复兴的光明前景；意味着科学社会主义在二十一世纪的中国焕发出强大生机活力，在世界上高高举起了中国特色社会主义伟大旗帜；意味着中国特色社会主义道路、理论、制度、文化不断发展，拓展了发展中国家走向现代化的途径，给世界上那些既希望加快发展又希望保持自身独立性的国家和民族提供了全新选择，为解决人类问题贡献了中国智慧和中国方案。”中国特色社会主义进入新时代，不仅在中华人民共和国发展史上、在中华民族发展史上具有重大意义，而且在世界社会主义发展史上、在人类发展史上也具有重大意义。

五、新时代的重大战略判断具有鲜明的价值追求

人民利益是中国共产党的最高追求，共享是新发展理念的价值旨归，坚持以人民为中心是新时代坚持和发展中国特色社会主义的基本方略之一。“全国各族人民团结奋斗、不断创造美好生活、逐步实现全体人民共同富裕”，是人民对美好生活的向往，是我们党的奋斗目标，是社会主义的本质要求。党的十九大报告明确指出：“中国特色社会主义进入新时代，我国社会主要矛盾已经转化为人民日益增长的美好生活需要和不平衡不充分的发展之间的矛盾。”[①]这是一个全新的判断，是中国特色社会主义进入新时代所要着力解决的主要问题。进入新时代，人民群众的需要呈现多样化、多层次、多方面的特点：期盼有更好的教育、更稳定的工

① 习近平：《决胜全面建成小康社会　夺取新时代中国特色社会主义伟大胜利——在中国共产党第十九次全国代表大会上的报告》，人民出版社2017年版，第11页。

作、更满意的收入、更可靠的社会保障、更高水平的医疗卫生服务、更舒适的居住条件、更优美的环境、更丰富的精神文化生活；期盼更好满足人们在民主、法治、公平、正义、安全、环境等方面的美好生活需要；期盼更好满足人们的参与感、公平感、获得感、幸福感、安全感、尊严感等“软性需要”；期盼全体人民都能实现全面发展、共同富裕，共享经济社会发展成果；期盼整个国家的物质文明、政治文明、精神文明、社会文明、生态文明平衡发展、共同进步，满足人们在各个方面的美好生活需要。

“中国特色社会主义进入了新时代”，对十八大以来党的理论创新成果做出了新的科学凝练。“承前启后、继往开来、在新的历史条件下继续夺取中国特色社会主义伟大胜利”，从新时代的历史脉络指明新时代的中国要举什么样的旗、走什么样的路的鲜明主题。“决胜全面建成小康社会、进而全面建设社会主义现代化强国”，从新时代的实践主题指出了新时代要完成什么样的历史任务、进行什么样的战略安排。“全国各族人民团结奋斗、不断创造美好生活、逐步实现全体人民共同富裕”，从新时代的人民性维度指出新时代要坚持什么样的发展思想、达到什么样的发展目的的价值追求。“全体中华儿女勠力同心、奋力实现中华民族伟大复兴中国梦”，从新时代的民族性指出新时代要以什么样的精神状态、实现什么样的宏伟目标。“我国日益走近世界舞台中央、不断为人类作出更大贡献”，从新时代的世界维度指出新时代的中国处于什么样的国际地位、要对人类社会作出什么样的贡献的世界担当。中国特色社会主义进入了新时代回应了时代要求，聚焦了人民期待，这将是一个有方向、有方略、有蓝图的时代，在这样一个新时代将开启我们的新征程、续写我们的新篇章。

第二节　新时代标明新方位

“经过长期努力，中国特色社会主义进入了新时代，这是我国发展新的历史方位。”在中国共产党第十九次全国代表大会上，习近平总书记深刻洞察和把握中国发展大势，深刻阐述党的十八大以来党和国家事业发生的历史性变革，提出中国特色社会主义进入了新时代这一重大判断。这是自党的十三大提出社会主义初级阶段历史方位后，我党又一次对中国现代化建设的历史方位做出的新的重大政治论断。“新时代”，这看似寻常的 3 个字，对于久经磨难的中华民族，对于奔向民族伟大复兴的中国人民，极具历史穿透力。

新时代标明历史新方位，方位决定道路，道路决定命运。历史方位就是推进新时代中国特色社会主义的基点。十九大标定一座里程碑，中国站在了新的历史方位，这个新方位也就是我们所处的历史新坐标。中国正处于伟大历史转折点，中国共产党正处于伟大历史转折点。

一、新方位决定于时代和实践发展

2013 年 3 月，习近平任国家主席后首访俄罗斯，打了一个很贴切的比喻：“鞋子合不合脚，自己穿着才知道。一个国家的发展道路合不合适，只有这个国家的人民才最有发言权。”深入浅出的话，揭示了历史发展的内在规律。报告指出：“十八大以来的五年，是党和国家发展进程中极不平凡的五年。面对世界经济复苏乏力、局部冲突和动荡频发、全球性问题加剧的外部环境，面对我国经济发展进入新常态等一系列深刻变化，我们坚持稳中求进工作总基调，迎难而上，开拓进取，取得了改革开放和社会主义现代化建设的历史性成就。”[①]五年来，我国国内生产总值（GDP）从 54 万亿元增长到 82.7 万亿元，稳居世界第二，对世界经济增长贡献率超过 30%；五年来，国产航母下水、“墨子号”成功发射、“天眼”工程落成、“复兴号”高铁飞驰，中国创造的成果丰硕；五年来，6800 多万贫困人口稳定脱贫，贫困发生率从 10.2% 下降到 3.1%，刷新了世界减贫史的记录……十八大以来的五年，成就是全方位、开创性的，变革是深层次、根本性的，“解决了许多长期想解决而没有解决的难题，办成了许多过去想办成而没有办成的大事，推动党和国家事业发生历史性变革。”这种历史性变革和突破是我们未来发展的信心基础，也是中国特色社会主义进入新时代的现实依据。

二、新方位本质特征是继往开来

党的十九大报告指出：“这个新时代，是承前启后、继往开来、在新的历史条件下继续夺取中国特色社会主义伟大胜利的时代，是决胜全面建成小康社会、进而全面建设社会主义现代化强国的时代，是全国各族人民团结奋斗、不断创造美好生活、逐步实现全体人民共同富裕的时代，是全体中华儿女勠力同心、奋力实现中华民族伟大复兴中国梦的时代，是我国日益走近世界舞台中央、不断为人类作出更大贡献的时代。”这“五个时代”承前启后、继往开来，是理论逻辑与实践逻辑、历史逻辑与发展逻辑的内在统一。“五个时代”，实际上就是指明了新时代的历史方位。新时代，不同于以往的其他时期，也不同于改革开放新时期的过去时代。新时代，是由十八大开启、十九大明确提出的新时代，是具有明确定位、明确目标、明确方向的新时代。

三、新方位使命担当是引领未来

习近平总书记告诫我们：“行百里者半九十。中华民族伟大复兴，绝不是轻轻松松、敲锣打鼓就能实现的。全党必须准备付出更为艰巨、更为艰苦的努力。”党的十九大报告指出：“九十六年来，为了实现中华民族伟大复兴的历史使命，无论是弱小还是强大，无论是顺境还是逆境，我们党都初心不改、矢志不渝，团结带领人民历经千难万险，付出巨大牺牲，敢于面对曲折，勇于修正错误，攻克了一个又一个看似不可攻克的难关，创造了一个又一个彪炳史册的人间奇迹。”[②]可以说，中国特色社会主义进入新时代，关键在于中国共产党的坚强领导，在于其“不忘初心、牢记使命”的责任担当。在党的十九大报告中，习总书记阐述了新时代

① 习近平：《高举中国特色社会主义伟大旗帜　为决胜全面小康社会实现中国梦而奋斗》，《人民日报》，2017 年 7 月 28 日。

② 习近平：《高举中国特色社会主义伟大旗帜　为决胜全面小康社会实现中国梦而奋斗》，《人民日报》，2017 年 7 月 28 日。

中国共产党的历史使命，即实现伟大梦想，必须进行伟大斗争；实现伟大梦想，必须建设伟大工程；实现伟大梦想，必须推进伟大事业。在新时代中国特色社会主义伟大实践中，以党的坚强领导和顽强奋斗，激励全体中华儿女不断奋进，凝聚起同心共筑中国梦的磅礴力量！

第三节　新时代体现辩证新认识

习近平总书记在党的十九大报告中指出："中国特色社会主义进入新时代，我国社会主要矛盾已经转化为人民日益增长的美好生活需要和不平衡不充分的发展之间的矛盾。"[①]党的十九大报告对我国社会主要矛盾做出新的重大判断，把过去"人民日益增长的物质文化需要同落后的社会生产之间的矛盾"的表述，转变为"人民日益增长的美好生活需要和不平衡不充分的发展之间的矛盾"。对社会主要矛盾的认识，决定着党的中心工作和根本任务，事关党和国家事业发展全局。这一与时俱进的新表述，内涵深刻，意蕴深远，彰显了"变"和"不变"的唯物辩证法。

一、新时代中国特色社会主义主要矛盾变了

事物是运动的，矛盾是发展的，社会主要矛盾也不是一成不变的。党的八大指出"人民对于经济文化迅速发展的需要同当前经济文化不能满足人民需要的状况之间的矛盾"，到党的十一届六中全会指出"人民日益增长的物质文化需要同落后的社会生产之间的矛盾"，十二大、十三大确认了这一提法，并把它载入党章总纲。从社会主义建设到改革开放，再到中国特色社会主义进入新时代，我国主要矛盾发生了重大变化。

经过 40 年的发展，我国已稳定解决了十几亿人的温饱问题，我国社会生产力水平明显提高，人民生活显著改善，人民群众对物质文化生活提出了更高要求。从主体方面看，40 年的改革开放和现代化建设，我国人民的基本物质文化生活需要已经得到满足，而对美好生活的需要越来越多，包括追求更有尊严的生活、更好的教育、更好的休闲、更美的环境等；从客体方面看，经过几十年的高速发展，我国的社会生产力已经基本解决了"落后"的问题，存在的主要矛盾是发展"不平衡不充分"的问题。发展"不平衡"是多方面的。在经济社会发展上，主要表现为发展的差距较大，如城乡差距、东西部差距、社会群体的收入差距等；在总体上，还存在物质文明建设与精神文明建设的不协调，政治、经济、文化、社会、生态等方面发展的不协调问题。发展"不充分"也是多方面的。在转变政府职能方面，还需要加大力度，很多体制机制还有待完善；在经济发展方面，主要表现为产业结构、经济结构转型升级还没有完成；在社会发展方面，民生问题还存在很多矛盾待解决；在生态环境建设方面，任务还相当艰巨。因此十九大做出判断，我国社会主要矛盾是人民日益增长的美好生活需要和不平衡不充分发展之间的矛盾。这是把历史与现实、理论与实践、国际与国内等相结合进行思

① 中共中央宣传部：《习近平总书记系列重要讲话读本》，学习出版社、人民出版社 2014 年版，第 179 页。

考、从我国所处的历史方位进行思考、从党和国家发展大局进行思考得出的正确结论。

二、社会主义初级阶段的基本国情没有变

党的十九大报告强调："我国社会主要矛盾的变化，没有改变我们对我国社会主义所处历史阶段的判断，我国仍处于并将长期处于社会主义初级阶段的基本国情没有变，我国是世界最大发展中国家的国际地位没有变。"[①]面对我国社会主要矛盾的变化，我们要牢牢把握社会主义初级阶段这个基本国情，牢牢立足社会主义初级阶段这个最大实际。虽然我国经济总量位居世界第二，但发展质量和效益还不高，创新能力还不强，实体经济水平还有待提高，生态环境保护任重道远，民生领域还有不少短板，脱贫攻坚还有较大的压力……另外从中国在世界所处的空间坐标看，我国人均 GDP 虽已超过 8000 美元，但与美、德、日等发达国家相比，还有一定的差距，劳动生产率水平也仅为世界平均水平的四成左右。

三、全面建成小康社会的理念和决心没有变

党的十九大报告指出，从现在到二〇二〇年，是全面建成小康社会决胜期。要统筹推进经济建设、政治建设、文化建设、社会建设、生态文明建设，突出抓重点、补短板、强弱项，打好防范化解重大风险、精准脱贫、污染防治的攻坚战，使全面建成小康社会得到人民认可、经得起历史检验。以此为基础，从二〇二〇年到二〇三五年，在全面建成小康社会的基础上，再奋斗十五年，基本实现社会主义现代化；从二〇三五年到本世纪中叶，在基本实现现代化的基础上，再奋斗十五年，把我国建成富强民主文明和谐美丽的社会主义现代化强国。到那时，我国物质文明、政治文明、精神文明、社会文明、生态文明将全面提升，实现国家治理体系和治理能力现代化，成为综合国力和国际影响力领先的国家，全体人民共同富裕基本实现，我国人民将享有更加幸福安康的生活，中华民族将以更加昂扬的姿态屹立于世界民族之林。

第四节　新时代彰显理论新境界

理论代表旗帜，思想引领方向。一个新时代的到来，必定需要新思想、新理论来指引前行。习近平新时代中国特色社会主义思想是中国特色社会主义进入新时代的重大标志性理论成果，它在理论与实践相结合上系统回答了"新时代坚持和发展什么样的中国特色社会主义、怎样坚持和发展中国特色社会主义"的重大时代课题，开辟了当代中国马克思主义发展的新境界。新时代中国特色社会主义思想，是对党的十八大以来习近平总书记治国理政新理念、

① 习近平：《决胜全面建成小康社会　夺取新时代中国特色社会主义伟大胜利——在中国共产党第十九次全国代表大会上的报告》，人民出版社 2017 年版。

新思想、新方略的高度概括，是党和人民实践经验和集体智慧的结晶。

一、源自党的十八大以来的创新实践

“任何真正的哲学都是自己时代精神的精华。”中国共产党一直聆听时代的足音，在实践中创新理论、发展理论，展现出中国共产党特有的真理力量。恩格斯在《论权威》一文中这样说道：“一艘穿行在暴风雨中的航船，要想行稳致远，关键靠拥有绝对权威的优秀船长掌舵领航。”习近平就是我们中国这艘航船的伟大舵手。时代是思想之母，实践是理论之源。党的十八大以来，以习近平同志为核心的党中央紧紧围绕坚持和发展中国特色社会主义这个主题，坚持以马克思列宁主义、毛泽东思想、中国特色社会主义理论体系为指导，结合改革开放新的实际，不断推进理论创新，取得了一系列重大理论成果，为习近平新时代中国特色社会主义思想的提出奠定了坚实的基础。党的十八大以来，以习近平同志为主要代表的中国共产党人，以全新视野深化对“三大规律”的认识，进行艰辛的理论探索，取得重大理论创新成果，形成了新时代中国特色社会主义思想。这一思想，为新时代发展中国特色社会主义提供了行动指南，为解决人类问题贡献了中国智慧与中国方案。

二、是二十一世纪马克思主义中国化的最新成果

马克思主义是我们党的指导思想，自觉将马克思主义的普遍原理同中国革命、建设、改革的具体实践紧密结合起来，不断拓展马克思主义中国化的深度与广度是我们党长期进行的一项重要工作。九十多年来，在中国化马克思主义的指导下，我们党不断发展壮大，中国迎来了从站起来、富起来到强起来的历史性跨越，中华民族不断接近伟大复兴的梦想，走向世界舞台的中央，历史和现实已经深刻表明：中国发展进步离不开马克思主义。习近平新时代中国特色社会主义思想深深扎根于马克思主义基本原理的精髓要义中，扎根于党的事业历史进程中，扎根于中国新时代的命题中，扎根于中华文明的深厚土壤中，具有鲜明的中国风格、中国气派，同时它又具有鲜明的开放性、世界性和创新性。当西方某些国家千方百计想遏制中国的发展、外媒大肆炒作“中国崛起”“中国威胁”、国际共运普遍处于低潮、世界惊叹“东方睡狮”猛醒的时候，中国用无可辩驳的事实，证明了马克思主义这个伟大的真理。“风景这边独好”，科学社会主义在中国展现出强大的生机和活力。

三、是“四个伟大”的科学指南和根本遵循

新时代，进行伟大斗争、建设伟大工程、推进伟大事业，共同构成了实现伟大梦想总目标的战略支撑。进行伟大斗争、建设伟大工程、推进伟大事业，归根结底就是要实现伟大梦想。新时代中国特色社会主义思想，必然领航伟大斗争、伟大工程、伟大事业、伟大梦想，

昭示着中国未来的前进方向，发挥着举旗定向的巨大作用，从根本上保证中国特色社会主义道路走稳、走实、走新。“四个伟大”贯穿于党中央战略部署的全过程，明确宣示了我们“以什么样的精神状态，以什么样的主体力量，举什么旗、走什么路和朝着什么样的目标”来治国理政。新时代，我们党站在新的历史起点上，面对前进道路上的各种艰难险阻，必须进一步凝聚全国各族人民的智慧和力量，带领和团结全国各族人民以敢于斗争、敢于胜利的精神状态，进行具有许多新的历史特点的伟大斗争，推进中国特色社会主义伟大事业，在坚持和发展中国特色社会主义的历史进程中攻坚克难，全面推进党的建设这一新的伟大工程，为建设富强民主文明和谐美丽的社会主义现代化国家，实现中华民族伟大复兴中国梦而不懈奋斗。在这一伟大历史进程中，习近平新时代中国特色社会主义思想必将随着“四个伟大”的不断推进而充实、丰富和发展起来。

总之，习近平新时代中国特色社会主义思想以全新的视野开辟了当代中国马克思主义发展新境界，是中国特色社会主义深化发展的科学纲领和行动指南，是我们党带领全国人民开启新征程、创造新辉煌的政治宣言。在新的历史方位中，习近平新时代中国特色社会主义思想将以丰富的科学内涵、鲜明的时代特色、创新的理论品质展示出强大的真理力量，为实现中国从站起来、富起来到强起来的历史跨越，实现中华民族伟大复兴提供思想指导和价值引领。

第五节　新时代带来新课题

新时代产生新课题，新课题催生新思想。紧扣时代脉搏，聆听时代声音，及时回应重大时代课题，是马克思主义与时俱进的品质体现。党的十八大以来，以习近平同志为核心的党中央面对复杂严峻的国际国内形势，对坚持发展什么样的中国特色社会主义，怎样坚持和发展中国特色社会主义这一重大时代课题，进行了艰辛的实践探索和理论创新，提出了一系列新理念新思想新战略，把中国特色社会主义事业推向了一个新的阶段。党的十九大将习近平总书记治国理政的新理念新思想新战略概括为习近平新时代中国特色社会主义思想，并且通过《中国共产党章程（修正案）》，和马克思列宁主义、毛泽东思想、邓小平理论、“三个代表”重要思想、科学发展观一起写入党章，正式确立为我们党的指导思想。

一、坚持在中国特色社会主义实践探索中继承和发展

“新时代中国特色社会主义思想，是对马克思列宁主义、毛泽东思想、邓小平理论、“三个代表”重要思想、科学发展观的继承和发展，是马克思主义中国化最新成果，是党和人民实践经验和集体智慧的结晶，是中国特色社会主义理论体系的重要组成部分，是全党全国人民为实现中华民族伟大复兴而奋斗的行动指南，必须长期坚持并不断发展。”[①]这一重大思想

① 习近平：《决胜全面建成小康社会　夺取新时代中国特色社会主义伟大胜利——在中国共产党第十九次全国代表大会上的报告》，人民出版社 2017 年版。

理论创新，开辟了新时代坚持和发展中国特色社会主义的新境界，开创性回答中国特色社会主义进入新时代的重大课题，开启了探索中国特色社会主义迈向新征程的崭新篇章。

每一个时代都有每一个时代的历史使命和重大实践。纵观我们党成立以来尤其是改革开放以来的奋斗历程，都是既坚持了马克思主义的基本原则，又根据我国实际和时代特征赋予其鲜明的中国特色。在“什么是社会主义、怎样建设社会主义”这个时代课题上，党的十二大第一次提出“建设有中国特色的社会主义”这一基本命题；党的十三大第一次提出了“社会主义初级阶段理论”，初步回答了我国社会主义建设的阶段、任务、动力、条件、布局和国际环境等基本问题；党的十四大确立了邓小平建设中国特色社会主义理论在全党的指导地位；党的十五大提出了“邓小平理论”概念，并将其视为马克思列宁主义同中国实际相结合的第二次飞跃的理论成果，深刻地揭示了社会主义的本质，把对社会主义的认识提高到了新的科学水平。

在探索和回答“什么是社会主义、怎样建设社会主义”时代课题的基础上，我们党对“建设什么样的党，怎样建设党”的认识也在不断深化。党的十六大在科学判断党的历史方位的基础上，确立了“三个代表”重要思想的指导地位。同时，我们党也在深入探究“实现什么样的发展、怎样发展”等重大理论和实际问题，党的十七大总结我国发展实践，适应新的发展要求，提出了科学发展观。党的十八大进一步确立了科学发展观的指导地位，不断推进马克思主义中国化。党的十九大根据中国特色社会主义进入新时代这一新的历史方位，把习近平新时代中国特色社会主义思想确立为党必须长期坚持的指导思想。这就为回答重大时代课题提供了根本遵循，为确保中国共产党长期执政，团结带领全国各族人民决胜全面建成小康社会、夺取新时代中国特色社会主义伟大胜利、实现中华民族伟大复兴的中国梦、实现人民对美好生活的向往，提供了强大思想武器和科学行动指南。

二、开辟了新时代坚持和发展中国特色社会主义的新境界

经过 40 年的改革开放，特别是党的十八大以来砥砺奋进的 5 年，党和国家事业取得了全方位、历史性成就，发生了深层次、根本性变革。中华民族进入了从站起来、富起来到强起来的伟大飞跃，全面建成小康社会成功在望，全面建设社会主义现代化国家即将启程。同时，在发展的进程中，产生了一些重大矛盾和问题，面临不少困难和挑战。这些重大矛盾和问题，是我国在迅速转变、时空压缩，矛盾汇聚、化解滞后的状态下，逐步积累和显现的。

在一代代中国共产党人接续奋斗的基础上，新时代前所未有地接近实现中华民族伟大复兴的目标，前所未有地具有实现这个目标的能力和信心，呈现出实现中国梦的光明前景和美好未来。今天，我们比历史上任何时期都更接近、更有信心和能力实现中华民族伟大复兴的目标。在党的十九大报告中，习主席告诫全党：“一定要登高望远、居安思危，勇于变革、勇于创新，永不僵化、永不停滞，团结带领全国各族人民决胜全面建成小康社会，奋力夺取新时代中国特色社会主义伟大胜利。”这是实现中华民族伟大复兴的需要，也是探索和回答新时代赋予的重大时代课题的需要。

习近平新时代中国特色社会主义思想正是在从理论和实践结合上系统回答重大时代课题

中形成的，成为党的创新理论最新成果、21 世纪马克思主义中国化的理论结晶。习近平新时代中国特色社会主义思想是中国特色社会主义理论体系重要组成部分，对在新的历史起点上进行伟大斗争、建设伟大工程、推进伟大事业、实现伟大梦想具有重大现实意义和深远历史意义。

第六节　新时代呼唤新作为

中国特色社会主义进入新时代，新时代当有新气象，更要有新作为。站在新的历史起点上，要有新思路、新做法、新面貌、新成绩……十九大的胜利召开开启了一段新征程，点亮了奋进的指路明灯，吹响了建设中国特色社会主义强国的进军号角，为新时代的新气象新作为指明了前进方向。新起点、新目标，如何百尺竿头更进一步？新任务、新挑战，如何走好千山万水的伟大征程？“行百里者半九十”“永不懈怠的精神状态”“一往无前的奋斗姿态”“艰苦奋斗、戒骄戒躁的作风”“时不我待、只争朝夕的精神”“锐意进取，埋头苦干”……党的十九大报告中催人奋进的话语，强调的正是当代中国共产党人必须展现的时代气质，聚焦的正是推进党和国家伟大事业必须牢记的成功密码。2018 年，一个“不忘初心，牢记使命”的政党，就在此刻激荡新气象、展现新作为。与我们永远在一起的那股前行力量，正在继续书写新时代中国特色社会主义的壮美篇章。

一、新时代有新作为，要校正心态更新理念

新时代有新作为，首先要在理念更新上下功夫，因为理念是行动先导，理念决定前进方向。在新时代的今天，我们需要什么新理念呢？那就是党的十九大报告强调的五大新理念：“创新、协调、绿色、开放、共享。”创新是牵动经济社会发展全局的“牛鼻子”；协调是社会持续健康发展的内在要求；绿色是永续发展的必要条件和人民对美好生活追求的重要体现；开放是国家繁荣发展的必由之路；共享是中国特色社会主义的本质要求。始终不渝地坚持这五大理念，可以带来新思路、找到新机遇、获得新发展，从而可以实现新作为，使我们的民族和国家实现新飞跃。

二、新时代有新作为，要调整状态斗志昂扬

新时代有新作为，要有强烈的奋斗精神。习近平总书记在 2018 年春节团拜会上谆谆告诫：“新时代是奋斗者的时代”“只有奋斗的人生才称得上幸福的人生”。世间万事万物，唯有奋斗能和幸福画等号，想获得幸福，就得努力奋斗，就得有所作为，虽然奋斗之根是苦的，但幸福之果是甜的。奋斗，就意味着年复一年的艰苦劳动，意味着衣带渐宽终不悔的身心劳累，需要的是兢兢业业、埋头苦干，最忌讳投机取巧，耍滑使懒。奋斗，就是港珠澳大桥的建设

者们的挥汗如雨；就是C919大型客机研制者们的苦心孤诣；就是量子计算机参与者们的殚精竭虑；就是海水稻培育者们的孜孜矻矻；就是首艘国产航母研制者们的夜以继日；就是“慧眼”卫星参与者们的群策群力；就是“海翼”号深海滑翔机深海观测完成者们的勇敢无畏；就是首次海域可燃冰试采者们的独辟蹊径；就是洋山四期自动化码头建设者们的埋头苦干，以及所有通过努力奋斗来为共和国大厦而增砖添瓦的人。他们都是值得尊重、值得推崇、值得羡慕的。没有他们的辛勤努力，没有他们正能量的充分释放，就不会有中华大地的“风景这边独好”。

三、新时代有新作为，要摆正姿态奋发向上

新时代有新作为，要有奋发向上的新姿态。所谓新姿态，就是要有新的精神风貌、新的思想境界、新的工作态度。翩翩少年，要努力学习，健康成长，争做中国特色社会主义事业的合格接班人；矫健青年，要朝气蓬勃，自强不息，厚重中年，要挑起大梁，厚积薄发，把事业推向高峰；白发老年，要力所能及，发挥余热，支持儿孙们建功立业，唱好“夕阳红”。同时，还要坚决抵制那种无所作为萎靡不振的懒人思维，摒弃那种没有追求未老先衰的庸人哲学，批判那种得过且过胸无大志的俗人理念，从而调动起每个人的积极性，大家戮力同心，人人有作为，个个做贡献，创造更加美好的生活。

当代中国共产党人既要带领人民实现第一个百年奋斗目标，又要开启向第二个百年奋斗目标进军的新征程。党的十九大报告指出：“青年兴则国家兴，青年强则国家强。青年一代有理想、有本领、有担当，国家就有前途，民族就有希望。”中国特色社会主义进入新时代，年轻人要想在新时代中立足，必须要有新气象新作为。这反映出党中央对当代中国青年的重视和嘱托，我们是历史创造的一代，也是创造历史的一代。“接力棒”传到我们手中，唯有全力奔跑去取得最好的成绩，才能无愧于历史、无愧于时代。新时代令人鼓舞，新征程催人奋进。让我们昂首阔步在中华民族伟大复兴的中国梦的伟大征程中，只争朝夕，时不我待，凝心聚力，砥砺奋进，共同谱写出中华民族复兴梦的崭新篇章。

第二章　深入学习领会习近平新时代中国特色社会主义思想

习近平总书记在党的十九大报告中提出了新时代中国特色社会主义思想。他从“时代是思想之母，实践是理论之源”的内在逻辑，指出党的十八大以来由于国际国内形势变化和国家各项事业发展给国家当前的发展提出了重大时代课题——“新时代坚持和发展什么样的中国特色社会主义、怎样坚持和发展中国特色社会主义”。中国共产党作为国家执政党，需要从理论和实践去回答和解决这个重大时代课题，所以习近平总书记从八个明确阐述了新时代中国特色社会主义思想，并进一步从十四条基本方略阐述了如何在各项工作中全面准确贯彻落实新时代中国特色社会主义思想的精神实质和丰富内涵。

第一节　习近平新时代中国特色社会主义思想提出的基本前提

一、实践前提

习近平总书记在党的十九大报告中指出“新时代坚持和发展什么样的中国特色社会主义、怎样坚持和发展中国特色社会主义”这一时代课题包括“新时代坚持和发展中国特色社会主义的总目标、总任务、总体布局、战略布局和发展方向、发展方式、发展动力、战略步骤、外部条件、政治保证等基本问题，并且要根据新的实践对经济、政治、法治、科技、文化、教育、民生、民族、宗教、社会、生态文明、国家安全、国防和军队、‘一国两制’和祖国统一、统一战线、外交、党的建设等各方面作出理论分析和政策指导，以利于更好坚持和发展中国特色社会主义。”①

新时代提出新课题，新课题催生新思想。经过长期的努力，我国的发展进入了新的历史方位，中国特色社会主义进入了新时代。习近平新时代中国特色社会主义思想正是在中国特色社会主义进入新时代，在波澜壮阔的建设实践中，不断回答新实践提出的新时代课题中创立的。

习近平新时代中国特色社会主义思想之所以能够把马克思主义基本原理与中国实际结合

① 习近平：《决胜全面建成小康社会　夺取新时代中国特色社会主义伟大胜利——在中国共产党第十九次全国代表大会上的报告》，人民出版社2017年版。

起来，谱写出“中国特色社会主义”理论和实践相结合的新篇章，关键在于以习近平同志为核心的党中央准确地把握了理论和实践的切入点、结合点，运用马克思主义科学的世界观和方法论深入研究并解决中国改革开放实践中的重大问题，不仅要善于把马克思主义基本原理同我国仍处于并将长期处于社会主义初级阶段这个基本国情、这个最大实际结合起来，而且要善于把马克思主义基本原理同不断变化着的实际结合起来，正确把握理论和实践的正确结合点。正如马克思所说：“问题就是公开的、无畏的、左右一切个人的时代的声音。问题就是时代的口号，是它表现自己精神状态的最实际的呼声。”实践所提出的重大问题，实践对理论的需要往往蕴含着理论和实践的结合点。这就要求我们必须以正在做的事情为中心，紧紧抓住制约当代中国社会发展的重大的、全局性的、根本性的问题进行研究和探索，以实现马克思主义基本原理同中国实际新的结合。

1. 新时代呼唤新思想

十八大以来，党和国家各项事业取得的重大成就标志着中国特色社会主义事业进入了新时代，需要有新的思想理论指明新的发展方向。党的十八大以来，在以习近平同志为核心的党中央领导下，我国的改革开放和社会主义现代化建设取得了重大历史性成就。五年来，党和国家的发展进程是极不平凡的，发展成就是全方位的、开创性的。解决了许多长期想解决而没有解决的难题，办成了许多过去想办而没有办成的大事，推动党和国家各项事业发生了历史性、根本性变革。这些变革，为党和国家事业的进一步发展奠定了坚实基础，也标志着中国特色社会主义进入了新时代。新时代呼唤新思想，新思想引领新征程。

2. 社会主要矛盾催生新思想

我国社会主要矛盾发生的新变化表明中国特色社会主义站在了新方位，需要有新思想理论回答新时代课题。经过半个多世纪，特别是近 40 年的改革开放，我国的生产力和经济社会发展水平实现了极大跨越，人民生活水平得到了极大提高，我国综合国力实现了巨大提升，我国已经总体上实现小康生活，正在决胜全面建成小康社会，我们从来没有像今天这样更接近中华民族伟大复兴。但是，我们仍然面临发展不平衡不充分问题。主要是，居民收入不平衡，城乡发展不平衡，区域发展不平衡，生产力布局不平衡；生产力还没有得到充分发展，人民日益增长的美好生活需要还没有得到充分满足，中国特色社会主义制度的优越性还没有充分释放。特别是，人民美好生活的需要日益广泛，不仅对物质文化生活提出了更高要求，而且在民主、法治、公平、正义、安全、环境等方面的要求日益增长，这些都决定了我国社会的主要矛盾已经由“人民日益增长的物质文化需要同落后的社会生产之间的矛盾”转化为“人民日益增长的美好生活需要和不平衡不充分的发展之间的矛盾”。社会主要矛盾的这种转化，是事关全局的历史性变化，标志着中国特色社会主义站在了新的历史方位。同时，也使经济社会发展面临新任务，对中国特色社会主义进一步发展提出了新课题，因而需要新的思想做出新的回答。

3. 新征程需要新思想

新时代的新任务、新目标、新布局标志着中特色社会主义开辟了新征程，需要有新的思想理论提供新的思想引领。中国特色社会主义经过几十年的建设，我国的经济实力、科技实力、国防实力、综合国力有了巨大跃升；我国国际地位、国际影响有了巨大提升；党的面貌、国家面貌、人民面貌、军队面貌、中华民族整体面貌有了根本性变化。中国特色社会主义进入了新时代，站在了新方位，踏上了新征程。因此，中国特色社会主义建设的时代主题发生了新转换，即我国经济已由高速增长阶段转向高质量发展阶段，中华民族迎来了从站起来、富起来到强起来的伟大飞跃和光明前景。中国特色社会主义建设的新任务、新目标进行了新提升，第二个百年目标调整为建设“富强民主文明和谐美丽的社会主义现代化强国”，总任务为实现社会主义现代化和中华民族伟大复兴。中国特色社会主义建设新布局实现了新拓展，即确立了“五位一体”总体布局，全面推进经济、政治、文化、社会、生态文明建设，确立了“四个全面”战略布局，协调推进全面建成小康社会、全面深化改革、全面依法治国、全面从严治党。时代主题转换、新任务新目标实现、新布局实施，都需要有新思想来引领，以推动新时代中国特色社会主义取得新发展。

新时代、新方位、新征程对新思想的呼唤和需求，就成为习近平新时代中国特色社会主义思想创立的实践前提。

二、理论前提

任何理论都有思想渊源和逻辑起点，习近平新时代中国特色社会主义思想也一样。马克思主义、毛泽东思想是新思想的重要理论基础，而作为中国特色社会主义理论体系基本组成部分的邓小平理论、“三个代表”重要思想和科学发展观对社会主义、党的建设、发展观的回答，构成新思想的直接理论前提。

1. 对什么是社会主义、怎样建设社会主义的已有回答，是新时代坚持和发展什么样的中国特色社会主义、怎样坚持和发展中国特色社会主义的理论基础

邓小平理论在科学总结国内外社会主义建设正反两方面经验教训基础上，围绕在中国这样经济文化比较落后的国家如何建设、巩固和发展社会主义基本问题，第一次比较系统地初步回答了什么是社会主义、怎样建设社会主义这个重大课题，成为中国特色社会主义理论奠基之作。“三个代表”重要思想紧密结合时代发展的新形势、广大人民的新要求和我国改革开放、现代化建设的新实践，进一步回答了什么是社会主义、怎样建设社会主义重大课题。科学发展观准确把握新世纪世界大势和我国的发展变化，围绕以人为本、全面协调可持续发展，用新的思想观点进一步回答了什么是社会主义、怎样建设社会主义重大课题，深化和丰富了对社会主义建设规律的认识，把对社会主义的认识不断提高到新的科学水平。这些理论成果，不仅是对“什么是社会主义、怎样建设社会主义”的回答，实质上也是对“什么是中国特色社会主义、怎样建设中国特色社会主义”这一重大课题的回答。作为这一课题的逻辑延伸，十八大以来，国内外形势变化和我国各项事业发展又提出了一个重大时代课题，即从理论和实践结合上系统回答“新时代坚持和发展什么样的中国特色社会主义、怎样坚持和发展中国特色社会主义”。习近平新时代中国特色社会主义思想正是以这些理论成果为前提，做了进一

步的丰富和发展的。如“坚持人民主体地位”观念以“三个代表”和“以人为本”理念为前提；新发展理念以科学发展观为前提；新“两步走”以“三步走”战略为前提；“中国特色社会主义本质特征论”以“社会主义本质论”为前提；“新型国际关系”和“人类命运共同体”理念以“和平与发展时代主题”“引进来、走出去”开放观为前提等。

2. 对建设一个什么样的党、怎样建设党的已有回答，是新时代党的建设新的伟大工程的思想先导

办好中国的事情关键在党，坚持和推进中国特色社会主义也关键在党。党的建设理论是中国特色社会主义理论的重要组成部分。邓小平理论围绕“执政党应该是一个什么样的党，执政党的党员应该怎样才合格，党怎样才叫善于领导”问题，提出了在改革开放中加强和改进党的建设的一系列重要思想。“三个代表”重要思想深刻分析世纪之交国内外形势的发展变化和我国经济社会发展给党的历史方位带来的变化，围绕在对外开放和社会主义市场经济条件下如何加强和改进党的建设的时代课题，明确提出党的建设的根本标准，推进了党的建设。面对 21 世纪党面临的机遇和挑战，科学发展观明确提出了党的执政能力建设和先进性建设问题，要求使党始终成为立党为公、执政为民的马克思主义执政党。这些思想都立足时代主题的转换，开创性地推进了党的建设伟大工程，成为中国特色社会主义理论体系发展的重要组成部分。习近平新时代中国特色社会主义思想立足党的建设新时代和新方位，把党的建设新的“伟大工程”作为一项新的“伟大斗争”，放在“伟大事业”和“伟大梦想”中一起推进。以党的几代中央领导集体核心党建思想为前提，进一步丰富和发展党的建设理论。如“全面从严治党”以“反对腐败是关系党和国家生死存亡的严重政治斗争”认识为前提；“理想信念问题是共产党人的精神之‘钙’”论断以“理想信念无论在革命阶段、建设阶段还是改革阶段都是我们从事共产主义事业的固有之意”认识为前提；“党的一切工作以最广大人民根本利益为最高标准”以“代表最广大人民群众的根本利益”要求为前提；“中国共产党领导是中国特色社会主义最本质的特征”论断以“中国共产党是中国特色社会主义事业的领导核心”认识为前提等。

3. 对实现什么样的发展、怎样实现发展的已有回答，是新时代新发展理念的理念支撑

邓小平同志指出“发展才是硬道理”；江泽民同志要求“把发展作为党执政兴国的第一要务”；胡锦涛同志指出“科学发展观，第一要义是发展”；习近平同志指出“发展是解决我国一切问题的基础和关键，发展是人类社会永恒的主题”。因此，中国特色社会主义理论体系不仅是如何坚持和发展中国特色社会主义的理论，而且是关于中国发展的理论。邓小平理论把“发展生产力”确定为社会主义的本质，把“和平与发展”界定为时代主题。“三个代表”重要思想要求把坚持党的先进性和发挥社会主义制度的优越性落实到发展先进生产力、发展先进文化、实现最广大人民的根本利益上。科学发展观提出“以人为本、全面协调可持续发展”，要求努力实现科学发展、和谐发展、和平发展。所以，中国特色社会主义理论体系对什么是发展、为什么发展、怎样发展，发展为了谁、依靠谁、发展成果由谁享有等重大问题做了系统回答，深化了对人类社会发展规律的认识。习近平新时代中国特色社会主义思想坚持以人民为中心的发展思想，秉持新发展理念，致力解决人民日益增长的美好生活需要和不平衡不充分的发展之间的矛盾这一社会主要矛盾，以促进人的全面发展、全体人民共同富裕为依归，以实现社会主义现代化强国和中华民族伟大复兴为目标，对发展布局、发展战略做了全面规划，进一步丰富和发展了中国特色社会主义发展理论。如“以人民为中心的发展思想”以“三个有利于标准”和“共同富裕”为前提，进一步回答了发展为了谁的问题；新发展理念以科学发展观为前提，进一步回答了实现什么样的发展问题；“五位一体”总体布局和“四个全面”战略布局以“四位一体”布局为前提，进一步回答了发展布局问题等。

习近平新时代中国特色社会主义思想正是在从理论和实践结合上系统回答重大时代课题中形成的，成为党的创新理论最新成果、21 世纪马克思主义中国化的理论结晶。新时代坚持和发展什么样的中国特色社会主义、怎样坚持和发展中国特色社会主义，构成了习近平新时代中国特色社会主义思想的理论基石。

第二节　习近平新时代中国特色社会主义思想的基本内容

在党的十九大报告中，习近平总书记以“八个明确”概括了新时代中国特色社会主义思想的核心内容。报告中指出：“新时代中国特色社会主义思想，明确坚持和发展中国特色社会主义，总任务是实现社会主义现代化和中华民族伟大复兴，在全面建成小康社会的基础上，分两步走在本世纪中叶建成富强民主文明和谐美丽的社会主义现代化强国；明确新时代我国社会主要矛盾是人民日益增长的美好生活需要和不平衡不充分的发展之间的矛盾，必须坚持以人民为中心的发展思想，不断促进人的全面发展、全体人民共同富裕；明确中国特色社会主义事业总体布局是‘五位一体’、战略布局是‘四个全面’，强调坚定道路自信、理论自信、制度自信、文化自信；明确全面深化改革总目标是完善和发展中国特色社会主义制度、推进国家治理体系和治理能力现代化；明确全面推进依法治国总目标是建设中国特色社会主义法治体系、建设社会主义法治国家；明确党在新时代的强军目标是建设一支听党指挥、能打胜仗、作风优良的人民军队，把人民军队建设成为世界一流军队；明确中国特色大国外交要推动构建新型国际关系，推动构建人类命运共同体；明确中国特色社会主义最本质的特征是中国共产党领导，中国特色社会主义制度的最大优势是中国共产党领导，党是最高政治领导力量，提出新时代党的建设总要求，突出政治建设在党的建设中的重要地位。”[①]

一、“第一个明确”——习近平新时代中国特色社会主义思想的根本主题

习近平总书记在党的十九大报告中指出：“明确坚持和发展中国特色社会主义，总任务是实现社会主义现代化和中华民族伟大复兴，在全面建成小康社会的基础上，分两步走在本世纪中叶建成富强民主文明和谐美丽的社会主义现代化强国。”习近平新时代中国特色社会主义思想紧紧围绕在新的历史起点上坚持和发展中国特色社会主义，实现中华民族伟大复兴的中国梦而展开，全部理论观点都是对这一主题的系统回答。明确坚持和发展中国特色社会主义，

① 习近平：《决胜全面建成小康社会　夺取新时代中国特色社会主义伟大胜利——在中国共产党第十九次全国代表大会上的报告》，人民出版社 2017 年版。

实现社会主义现代化和中华民族伟大复兴。传好“接力棒”，续写中国特色社会主义新篇章，是把握新时代中国特色社会主义思想的逻辑起点。“中国梦”打通了过去、现在和未来，把国家梦、民族梦、中国人民的梦和世界人民的美好梦想连在一起。“中国梦”的本质是国家富强、民族振兴、人民幸福。

二、“第二个明确”——习近平新时代中国特色社会主义思想的现实基础

习近平新时代中国特色社会主义思想是在对党情国情进行科学判断的基础上提炼出来的，党情国情是习近平新时代中国特色社会主义思想的基本依据和现实基础。习近平总书记在党的十九大报告中指出：“明确新时代我国社会主要矛盾是人民日益增长的美好生活需要和不平衡不充分的发展之间的矛盾，必须坚持以人民为中心的发展思想，不断促进人的全面发展、全体人民共同富裕。”中国特色社会主义进入新时代，一个重要表现就是我国社会主要矛盾发生变化。社会主要矛盾决定国家的根本任务。解决新的主要矛盾，要求我们在中国特色社会主义新时代，在基本满足了广大人民群众物质生活需要的基础上，我国应将重点放在解决发展的不平衡与不充分问题上，深入推进经济、政治、社会、文化、生态各领域的全面发展，并促进不同地区以及农村和城市的协调发展。

三、“第三个明确”——习近平新时代中国特色社会主义思想的总体方略

习近平总书记在党的十九大报告中指出：“明确中国特色社会主义事业总体布局是‘五位一体’、战略布局是‘四个全面’，强调坚定道路自信、理论自信、制度自信、文化自信。”习近平新时代中国特色社会主义思想明确了统筹推进“五位一体”总体布局、协调推进“四个全面”战略布局与实现中华民族伟大复兴是“一体两翼”的关系。决胜全面建成小康社会，必须坚持问题导向，突出抓重点、补短板、强弱项，更好统筹推进“五位一体”总体布局，协调推进“四个全面”战略布局，使全面建成小康社会得到人民认可、经得起历史检验。

习近平新时代中国特色社会主义思想，深入把握我国社会主要矛盾变化及其对党和国家工作提出的新要求，明确提出坚定实施科教兴国战略、人才强国战略、创新驱动发展战略、乡村振兴战略、区域协调发展战略、可持续发展战略、军民融合发展战略等重点工作任务，尤其强调要坚决打好防范化解重大风险、精准脱贫、污染防治的攻坚战，为决胜全面建成小康社会指明了努力的方向和途径。

四、“第四个明确”——习近平新时代中国特色社会主义思想关于全面建设社会主义现代化强国的基本方略

习近平总书记在党的十九大报告中指出：“明确全面深化改革总目标是完善和发展中国特

色社会主义制度、推进国家治理体系和治理能力现代化。”“怎样治理社会主义社会这样全新的社会”是世界社会主义发展过程中面临的新问题。习近平新时代中国特色社会主义思想围绕“中国制度优势”“国家治理”“国家构建”做出了一系列的科学解答。全面建设社会主义现代化国家，题中应有之义为：不仅要实现经济基础的现代化，发展社会主义市场经济，而且要实现上层建筑的变革，推进国家治理体系和治理能力的现代化，建设社会主义现代化强国。习近平新时代中国特色社会主义思想，明确全面深化改革的总目标是完善和发展中国特色社会主义制度、推进国家治理体系和治理能力现代化。它内在地包含建设现代化经济体系、发展社会主义民主政治、推动社会主义文化繁荣昌盛、加强和创新社会治理、建设美丽中国等战略构想和举措。明确全面深化改革总目标是完善和发展中国特色社会主义制度、推进国家治理体系和治理能力现代化，这是实现中华民族伟大复兴的发展动力和战略步骤。这充分表明中国共产党对全面建设社会主义现代化国家本质规律的认识有了质的提升。

五、“第五个明确”——习近平新时代中国特色社会主义思想关于建设社会主义法治国家的基本方略

习近平总书记在党的十九大报告中指出：“明确全面推进依法治国总目标是建设中国特色社会主义法治体系、建设社会主义法治国家。”这个总目标既明确了全面推进依法治国的性质和方向，又突出了全面推进依法治国的工作重点和总抓手，对全面推进依法治国具有“纲举目张”的意义。习近平总书记在党的十九大报告中强调：“坚定不移走中国特色社会主义法治道路，完善以宪法为核心的中国特色社会主义法律体系，建设中国特色社会主义法治体系，建设社会主义法治国家，发展中国特色社会主义法治理论，坚持依法治国、依法执政、依法行政共同推进，坚持法治国家、法治政府、法治社会一体建设，坚持依法治国和以德治国相结合，依法治国和依规治党有机统一。”全面依法治国是中国特色社会主义的本质要求和重要保障，是国家治理的一场深刻革命。

六、“第六个明确”——习近平新时代中国特色社会主义思想关于实现强军目标的基本方略

习近平总书记在党的十九大报告中指出：“明确党在新时代的强军目标是建设一支听党指挥、能打胜仗、作风优良的人民军队，把人民军队建设成为世界一流军队。”强国必须强军，建设一支听党指挥、能打胜仗、作风优良的人民军队，是实现“两个一百年”奋斗目标、实现中华民族伟大复兴的战略支撑。国防和军队建设正站在新的历史起点上。面对国家安全环境的深刻变化，面对强国强军的时代要求，必须全面贯彻新时代党的强军思想，贯彻新形势下军事战略方针，建设强大的现代化陆军、海军、空军、火箭军和战略支援部队，打造坚强高效的战区联合作战指挥机构，构建中国特色现代作战体系，担当起党和人民赋予的新时代使命。习近平新时代中国特色社会主义思想确立了新时代党的强军思想在国防和军队建设中的指导地位，坚持政治建军、改革强军、科技兴军、依法治军，更加注重聚焦实战，更加注重创新驱动，更加注重体系建设，更加注重集约高效，更加注重军民融合，全面推进国防和军队现代化。

七、“第七个明确”——习近平新时代中国特色社会主义思想的世界使命

习近平总书记在党的十九大报告中指出：“明确中国特色大国外交要推动构建新型国际关系，推动构建人类命运共同体。”中国共产党是为中国人民谋幸福的政党，也是为人类进步事业而奋斗的政党。中国共产党始终把为人类做出新的更大的贡献作为自己的使命。早在 1956 年，毛泽东就指出：“进入 21 世纪，中国的面目要大变，中国应当对人类有较大的贡献。”“构建新型国际关系”“构建人类命运共同体”，既是习近平新时代中国特色社会主义思想的重要构成部分，也是中国共产党为解决人类问题提供的中国方案、贡献的中国智慧。习近平新时代中国特色社会主义思想呼吁各国人民同心协力，构建人类命运共同体，建设持久和平、普遍安全、共同繁荣、开放包容、清洁美丽的世界，共同创造人类的美好未来。

八、“第八个明确”——习近平新时代中国特色社会主义思想关于中国特色社会主义本质特征的明确

习近平总书记在党的十九大报告中指出：“明确中国特色社会主义最本质的特征是中国共产党领导，中国特色社会主义制度的最大优势是中国共产党领导，党是最高政治领导力量，提出新时代党的建设总要求，突出政治建设在党的建设中的重要地位。”习近平新时代中国特色社会主义思想强调：“党政军民学，东西南北中，党是领导一切的。”人民群众始终是实现伟大复兴的力量之源，中国共产党的坚强领导正是这一伟大力量的核心。中国共产党是领导中国革命、建设、改革的主心骨，其政治地位不可替代。中国共产党 97 年的发展历史证明，中国共产党不仅“能干事”，更能“干成事”，所以能赢得人民的拥护。这是历史的选择，也是人民的选择。中国共产党的领导是中国特色社会主义制度的最大优势，这是经过历史反复证明的。坚持和发展中国特色社会主义，必须毫不动摇坚持和完善党的领导，努力把中国共产党建设得更加坚强有力，让中国共产党永葆朝气蓬勃。

第三节　全面准确贯彻落实习近平新时代中国特色社会主义思想的基本方略

党的十九大报告将“十四个坚持”作为新时代坚持和发展中国特色社会主义的基本方略，是新时代坚持和发展中国特色社会主义的行动纲领、实践路径和实践要求。基本方略大致可以分为三个层次：一是涵盖坚持和发展中国特色社会主义各领域、各方面的总体实践要求，包括坚持党对一切工作的领导、坚持以人民为中心、坚持全面深化改革。二是涵盖中国特色社会主义“五位一体”总体布局的具体实践要求，包括坚持新发展理念、坚持人民当家作主、坚持全面依法治国、坚持社会主义核心价值体系、坚持在发展中保障和改善民生、坚持人与自然和谐共生。三是涵盖坚持和发展中国特色社会主义保障条件的实践要求，包括坚持总体

国家安全观、坚持党对人民军队的绝对领导、坚持“一国两制”和推进祖国统一、坚持推动构建人类命运共同体、坚持全面从严治党。改革开放以来，中国共产党相继提出了基本理论、基本路线、基本纲领、基本经验、基本要求，构成了中国特色社会主义的“五个基本”。党的十九大提出的新时代坚持和发展中国特色社会主义的基本方略，涵盖了此前提出的党的基本纲领、基本经验、基本要求的基本内容。如此，党的十九大报告强调全面贯彻基本理论、基本路线、基本方略，把“五个基本”简化为“三个基本”。基本方略既是贯彻落实习近平新时代中国特色社会主义思想的内在要求，也是习近平新时代中国特色社会主义思想的有机组成部分。

（一）坚持党对一切工作的领导

“党政军民学，东西南北中，党是领导一切的。必须增强政治意识、大局意识、核心意识、看齐意识，自觉维护党中央权威和集中统一领导，自觉在思想上政治上行动上同党中央保持高度一致，完善坚持党的领导的体制机制，坚持稳中求进工作总基调，统筹推进‘五位一体’总体布局，协调推进‘四个全面’战略布局，提高党把方向、谋大局、定政策、促改革的能力和定力，确保党始终总揽全局、协调各方。”①

（二）坚持以人民为中心

“人民是历史的创造者，是决定党和国家前途命运的根本力量。必须坚持人民主体地位，坚持立党为公、执政为民，践行全心全意为人民服务的根本宗旨，把党的群众路线贯彻到治国理政全部活动之中，把人民对美好生活的向往作为奋斗目标，依靠人民创造历史伟业。”②

（三）坚持全面深化改革

“只有社会主义才能救中国，只有改革开放才能发展中国、发展社会主义、发展马克思主义。必须坚持和完善中国特色社会主义制度，不断推进国家治理体系和治理能力现代化，坚决破除一切不合时宜的思想观念和体制机制弊端，突破利益固化的藩篱，吸收人类文明有益成果，构建系统完备、科学规范、运行有效的制度体系，充分发挥我国社会主义制度优越性。”③

（四）坚持新发展理念

“发展是解决我国一切问题的基础和关键，发展必须是科学发展，必须坚定不移贯彻创新、协调、绿色、开放、共享的发展理念。必须坚持和完善我国社会主义基本经济制度和分配制度，毫不动摇巩固和发展公有制经济，毫不动摇鼓励、支持、引导非公有制经济发展，使市场在资源配置中起决定性作用，更好发挥政府作用，推动新型工业化、信息化、城镇化、

①②③ 习近平：《决胜全面建成小康社会　夺取新时代中国特色社会主义伟大胜利——在中国共产党第十九次全国代表大会上的报告》，人民出版社2017年版。

农业现代化同步发展，主动参与和推动经济全球化进程，发展更高层次的开放型经济，不断壮大我国经济实力和综合国力。”①

（五）坚持人民当家作主

“坚持党的领导、人民当家作主、依法治国有机统一是社会主义政治发展的必然要求。必须坚持中国特色社会主义政治发展道路，坚持和完善人民代表大会制度、中国共产党领导的多党合作和政治协商制度、民族区域自治制度、基层群众自治制度，巩固和发展最广泛的爱国统一战线，发展社会主义协商民主，健全民主制度，丰富民主形式，拓宽民主渠道，保证人民当家作主落实到国家政治生活和社会生活之中。”②

（六）坚持全面依法治国

“全面依法治国是中国特色社会主义的本质要求和重要保障。必须把党的领导贯彻落实到依法治国全过程和各方面，坚定不移走中国特色社会主义法治道路，完善以宪法为核心的中国特色社会主义法律体系，建设中国特色社会主义法治体系，建设社会主义法治国家，发展中国特色社会主义法治理论，坚持依法治国、依法执政、依法行政共同推进，坚持法治国家、法治政府、法治社会一体建设，坚持依法治国和以德治国相结合，依法治国和依规治党有机统一，深化司法体制改革，提高全民族法治素养和道德素质。”③

（七）坚持社会主义核心价值体系

“文化自信是一个国家、一个民族发展中更基本、更深沉、更持久的力量。必须坚持马克思主义，牢固树立共产主义远大理想和中国特色社会主义共同理想，培育和践行社会主义核心价值观，不断增强意识形态领域主导权和话语权，推动中华优秀传统文化创造性转化、创新性发展，继承革命文化，发展社会主义先进文化，不忘本来、吸收外来、面向未来，更好构筑中国精神、中国价值、中国力量，为人民提供精神指引。”④

（八）坚持在发展中保障和改善民生

“增进民生福祉是发展的根本目的。必须多谋民生之利、多解民生之忧，在发展中补齐民生短板、促进社会公平正义，在幼有所育、学有所教、劳有所得、病有所医、老有所养、住有所居、弱有所扶上不断取得新进展，深入开展脱贫攻坚，保证全体人民在共建共享发展中有更多获得感，不断促进人的全面发展、全体人民共同富裕。建设平安中国，加强和创新

---

①②③④ 习近平：《决胜全面建成小康社会　夺取新时代中国特色社会主义伟大胜利——在中国共产党第十九次全国代表大会上的报告》，人民出版社2017年版。

社会治理，维护社会和谐稳定，确保国家长治久安、人民安居乐业。”①

（九）坚持人与自然和谐共生

“建设生态文明是中华民族永续发展的千年大计。必须树立和践行绿水青山就是金山银山的理念，坚持节约资源和保护环境的基本国策，像对待生命一样对待生态环境，统筹山水林田湖草系统治理，实行最严格的生态环境保护制度，形成绿色发展方式和生活方式，坚定走生产发展、生活富裕、生态良好的文明发展道路，建设美丽中国，为人民创造良好生产生活环境，为全球生态安全作出贡献。”②

（十）坚持总体国家安全观

“统筹发展和安全，增强忧患意识，做到居安思危，是我们党治国理政的一个重大原则。必须坚持国家利益至上，以人民安全为宗旨，以政治安全为根本，统筹外部安全和内部安全、国土安全和国民安全、传统安全和非传统安全、自身安全和共同安全，完善国家安全制度体系，加强国家安全能力建设，坚决维护国家主权、安全、发展利益。”③

（十一）坚持党对人民军队的绝对领导

“建设一支听党指挥、能打胜仗、作风优良的人民军队，是实现“两个一百年”奋斗目标、实现中华民族伟大复兴的战略支撑。必须全面贯彻党领导人民军队的一系列根本原则和制度，确立新时代党的强军思想在国防和军队建设中的指导地位，坚持政治建军、改革强军、科技兴军、依法治军，更加注重聚焦实战，更加注重创新驱动，更加注重体系建设，更加注重集约高效，更加注重军民融合，实现党在新时代的强军目标。”④

（十二）坚持“一国两制”和推进祖国统一

“保持香港、澳门长期繁荣稳定，实现祖国完全统一，是实现中华民族伟大复兴的必然要求。必须把维护中央对香港、澳门特别行政区全面管治权和保障特别行政区高度自治权有机结合起来，确保‘一国两制’方针不会变、不动摇，确保‘一国两制’实践不变形、不走样。必须坚持一个中国原则，坚持‘九二共识’，推动两岸关系和平发展，深化两岸经济合作和文化往来，推动两岸同胞共同反对一切分裂国家的活动，共同为实现中华民族伟大复兴而奋斗。”⑤

---

①②③④⑤ 习近平：《决胜全面建成小康社会 夺取新时代中国特色社会主义伟大胜利——在中国共产党第十九次全国代表大会上的报告》，人民出版社 2017 年版。

（十三）坚持推动构建人类命运共同体

“中国人民的梦想同各国人民的梦想息息相通，实现中国梦离不开和平的国际环境和稳定的国际秩序。必须统筹国内国际两个大局，始终不渝走和平发展道路、奉行互利共赢的开放战略，坚持正确义利观，树立共同、综合、合作、可持续的新安全观，谋求开放创新、包容互惠的发展前景，促进和而不同、兼收并蓄的文明交流，构筑尊崇自然、绿色发展的生态体系，始终做世界和平的建设者、全球发展的贡献者、国际秩序的维护者。”①

（十四）坚持全面从严治党

“勇于自我革命，从严管党治党，是我们党最鲜明的品格。必须以党章为根本遵循，把党的政治建设摆在首位，思想建党和制度治党同向发力，统筹推进党的各项建设，抓住“关键少数”，坚持“三严三实”，坚持民主集中制，严肃党内政治生活，严明党的纪律，强化党内监督，发展积极健康的党内政治文化，全面净化党内政治生态，坚决纠正各种不正之风，以零容忍态度惩治腐败，不断增强党自我净化、自我完善、自我革新、自我提高的能力，始终保持党同人民群众的血肉联系。”②

习近平新时代中国特色社会主义思想立足于新时代中国特色社会主义的实践进行理论创新，深化了对共产党执政规律、社会主义建设规律、人类社会发展规律的认识，既运用了马克思主义基本原理，又发展了马克思主义基本原理。实现中华民族伟大复兴是近代以来中华民族最伟大的梦想，需要科学的理论指导。只有科学的理论指导，才能确立民族复兴的具体目标，才能解决民族复兴过程中面临的各种问题，才能凝聚各方面的力量。习近平总书记在党的十九大报告中指出：“中华民族伟大复兴，绝不是轻轻松松、敲锣打鼓就能实现的。全党必须准备付出更为艰巨、更为艰苦的努力。”正因为如此，党的十九大修改通过的《中国共产党章程》确立了习近平新时代中国特色社会主义思想的指导地位，强调习近平新时代中国特色社会主义思想“是全党全国人民为实现中华民族伟大复兴而奋斗的行动指南，必须长期坚持并不断发展”。习近平新时代中国特色社会主义思想开辟了中国特色社会主义的新境界，既推进了中国特色社会主义理论与实践的发展，又展现了世界社会主义的光明前景，为世界社会主义带来了生机和活力。

①② 习近平：《决胜全面建成小康社会　夺取新时代中国特色社会主义伟大胜利——在中国共产党第十九次全国代表大会上的报告》，人民出版社2017年版。

第三章　2018 年机构改革和宪法修正案

第一节　深化党和国家机构改革

2018 年 2 月 28 日党的十九届三中全会审议通过了《中共中央关于深化党和国家机构改革的决定》和《深化党和国家机构改革方案》，这是中国特色社会主义进入新时代以来党中央作出的一项重大决策部署。深化党和国家机构改革是推进国家治理体系和治理能力现代化的一场深刻变革。深化党和国家机构改革全面启动，标志着全面深化改革进入了一个新阶段。

一、深化党和国家机构改革的时代背景

党和国家机构职能体系是中国特色社会主义制度的重要组成部分，是我们党治国理政的重要保障。提高党的执政能力和领导水平，广泛调动各方面积极性、主动性、创造性，有效治理国家和社会，推动党和国家事业发展，必须适应新时代中国特色社会主义发展要求，深化党和国家机构改革。

党的十八届三中全会已经提出了要完善党和国家领导体制，坚持民主集中制，充分发挥党的领导核心作用。规范各级党政主要领导干部职责权限，科学配置党政部门及内设机构权力和职能，明确职责定位和工作任务；提出要统筹党政群机构改革，理顺部门职责关系；提出要严格控制机构编制，推进机构编制管理科学化、规范化、法制化；提出要整合执法主体，相对集中执法权，推进综合执法，着力解决权责交叉、多头执法问题，建立权责统一、权威高效的行政执法体制；提出要加强反腐败体制机制创新和制度保障。

党的十九大报告提出要统筹考虑各类机构设置，科学配置党政部门及内设机构权力、明确职责；提出统筹使用各类编制资源，形成科学合理的管理体制，完善国家机构组织法；提出要深化国家监察体制改革，将试点工作在全国推开，组建国家、省、市、县监察委员会，同党的纪律检查机关合署办公，实现对所有行使公权力的公职人员监察全覆盖；提出构建党统一指挥、全面覆盖、权威高效的监督体系，把党内监督同国家机关监督、民主监督、司法监督、群众监督、舆论监督贯通起来，增强监督合力。

党的十九届三中全会审议通过的《中共中央关于深化党和国家机构改革的决定》和《深化党和国家机构改革方案》，是中国特色社会主义进入新时代以来党中央作出的一项重大决策部署，与改革开放 40 年来已经进行的 7 次机构改革相比，这次机构改革范围更广、力度更大、

影响更深，是我国深化党和国家机构改革的一个新的里程碑。

（一）党和国家机构建设的历史成就

党中央历来高度重视党和国家机构建设和改革。中华人民共和国成立后，在我们党领导下，我国确立了社会主义基本制度，逐步建立起具有我国特点的党和国家机构职能体系，为我们党治国理政、推进社会主义建设发挥了重要作用。改革开放以来，为适应党和国家工作中心转移、社会主义市场经济发展和各方面工作不断深入的需要，我们党积极推进党和国家机构改革，各方面机构职能不断优化、逐步规范，实现了从计划经济条件下的机构职能体系向社会主义市场经济条件下的机构职能体系的重大转变，推动了改革开放和社会主义现代化建设。

党的十八大以来，以习近平同志为核心的党中央明确提出，全面深化改革的总目标是完善和发展中国特色社会主义制度、推进国家治理体系和治理能力现代化。我们适应统筹推进“五位一体”总体布局、协调推进“四个全面”战略布局的要求，加强党的领导，坚持问题导向，突出重点领域，深化党和国家机构改革，在一些重要领域和关键环节取得重大进展，为党和国家事业取得历史性成就、发生历史性变革提供了有力保障。

（二）当前党和国家机构建设面临的问题

当前，面对新时代新任务提出的新要求，党和国家机构设置和职能配置同统筹推进“五位一体”总体布局、协调推进“四个全面”战略布局的要求还不完全适应，同实现国家治理体系和治理能力现代化的要求还不完全适应。主要表现在：一些领域党的机构设置和职能配置还不够健全有力，保障党的全面领导、推进全面从严治党的体制机制有待完善；一些领域党政机构重叠、职责交叉、权责脱节问题比较突出；一些政府机构设置和职责划分不够科学，职责缺位和效能不高问题凸显，政府职能转变还不到位；一些领域中央和地方机构职能上下一般粗，权责划分不尽合理；基层机构设置和权力配置有待完善，组织群众、服务群众能力需要进一步提高；军民融合发展水平有待提高；群团组织政治性、先进性、群众性需要增强；事业单位定位不准、职能不清、效率不高等问题依然存在；一些领域权力运行制约和监督机制不够完善，滥用职权、以权谋私等问题仍然存在；机构编制科学化、规范化、法定化相对滞后，机构编制管理方式有待改进。

（三）当前党和国家机构改革的必要性

《中共中央关于深化党和国家机构改革的决定》明确指出：“深化党和国家机构改革是推进国家治理体系和治理能力现代化的一场深刻变革。”推进国家治理体系和治理能力现代化，是一项复杂的系统工程，必须着眼新时代，有效治理国家和社会，完善社会主义市场经济体制，落实以人民为中心的发展思想，坚持和加强党的全面领导。所有这些，都同党和国家机构设置、职能配置、履职能力密切相关，都需要通过深化党和国家机构改革来回答。

推进国家治理体系和治理能力现代化，必须适应新时代中国特色社会主义发展要求，这必然要求深化党和国家机构改革。国家治理体系和治理能力是一个国家制度和制度执行能力的集中体现。推进国家治理体系和治理能力现代化，就是要使各方面制度更加科学、更加完善，实现党、国家、社会各项事务治理制度化、规范化、程序化，善于运用制度和法律治理国家，提高党科学执政、民主执政、依法执政水平。党和国家机构职能体系是中国特色社会主义制度的重要组成部分，是我们党治国理政的重要保障。推进国家治理体系和治理能力现代化，必须深化党和国家机构改革，健全完善党和国家机构职能体系，确保有效治理国家和社会，实现党和国家兴旺发达、长治久安。面对新时代新任务提出的新要求，党和国家机构设置、职能配置、履职能力与有效治理国家和社会的要求相比，还存在不少问题。正是基于对形势任务和实际问题的分析判断，《中共中央关于深化党和国家机构改革的决定》提出，要以国家治理体系和治理能力现代化为导向，统筹设置党政机构，优化政府机构设置和职能配置，统筹党政军群机构改革，合理设置地方机构，使党和国家机构设置更加科学、职能更加优化、权责更加协同、监督监管更加有力、运行更加高效。

推进国家治理体系和治理能力现代化，必须完善社会主义市场经济体制，这必然要求深化党和国家机构改革。经济基础决定上层建筑，上层建筑反作用于经济基础，上层建筑一定要适应经济基础的状况，这是社会发展的基本规律。完善社会主义市场经济体制，核心是处理好政府和市场的关系，既使市场这只“看不见的手”在资源配置中起决定性作用，又更好地发挥政府这只“看得见的手”的作用。实现这一目标，关键是转变政府职能，这是深化党和国家机构改革的重要任务。当前，我国经济已由高速增长阶段转向高质量发展阶段。推动高质量发展，必须以供给侧结构性改革为主线，加快转变发展方式、优化经济结构、转换增长动力，着力构建市场机制有效、微观主体有活力、宏观调控有度的经济体制，更好推动经济发展质量变革、效率变革、动力变革。与这一要求相比，我国经济发展的体制性障碍还未完全消除，特别是政府职能转变还不到位，市场和政府发挥作用还不够充分，一定程度上制约了社会主义市场经济体制的完善，抑制了经济社会发展活力，同时也容易产生以权谋私、权钱交易等腐败现象，损害党群关系，损害政府威信。这就要求围绕使市场在资源配置中起决定性作用和更好发挥政府作用，深化党和国家机构改革，科学设置机构、合理配置职能、统筹使用编制、完善体制机制，进一步理顺政府与市场、政府与社会的关系，全面正确履行政府职能，推动实现更高质量、更有效率、更加公平、更可持续的发展。

推进国家治理体系和治理能力现代化，必须落实以人民为中心的发展思想，这必然要求深化党和国家机构改革。人民群众是我们党的力量源泉，人民立场是我们党的根本政治立场。坚持以人民为中心不能停留在理念层面，而要落实到经济社会发展实践中。这就必须要求加强制度建设，通过深化党和国家机构改革，健全人民当家作主制度体系，为人民依法管理国家事务、管理经济文化事业、管理社会事务提供更有力的保障。随着中国特色社会主义进入新时代，我国社会主要矛盾已经转化为人民日益增长的美好生活需要和不平衡不充分的发展之间的矛盾。适应社会主要矛盾变化，集中各方面力量解决发展不平衡不充分问题，把全心全意为人民服务的根本宗旨贯彻到治国理政全部活动之中，一项根本性举措就在于深化党和国家机构改革。

推进国家治理体系和治理能力现代化，必须坚持和加强党的全面领导，这必然要求深化党和国家机构改革。党政军民学，东西南北中，党是领导一切的。离开中国共产党的领导，中国的一切现代化目标都不可能实现。坚持和加强党的全面领导，必须深化党和国家机构改革，完善保证党的全面领导的制度安排，努力从机构职能上解决党对一切工作领导的体制机制问题，解决党长期执政条件下国家治理体系中党政军群的机构职能关系问题，把党的领导贯彻落实到党和国家机关履行职责的各方面各环节，从制度上保证党的长期执政和国家长治久安。当前，党的领导与推进“四个伟大”总体上是协调的，同时要看到，一些领域党的机构设置和职能配置还不够健全有力，保障党的全面领导、推进全面从严治党的体制机制有待完善。解决这些问题，靠坚定不移贯彻执行党的基本理论、基本路线、基本方略，靠坚定不移全面从严治党、提高党的创造力凝聚力战斗力，也靠深化党和国家机构改革来完善党的领导体制机制。

总之，深化党和国家机构改革，是新时代坚持和发展中国特色社会主义的必然要求，是加强党的长期执政能力建设的必然要求，是社会主义制度自我完善和发展的必然要求，是实现“两个一百年”奋斗目标、建设社会主义现代化国家、实现中华民族伟大复兴的必然要求。

二、深化党和国家机构改革方案的主要内容

在新的历史起点上深化党和国家机构改革，必须全面贯彻党的十九大精神，坚持以马克思列宁主义、毛泽东思想、邓小平理论、“三个代表”重要思想、科学发展观、习近平新时代中国特色社会主义思想为指导；牢固树立政治意识、大局意识、核心意识、看齐意识，坚决维护以习近平同志为核心的党中央权威和集中统一领导，适应新时代中国特色社会主义发展要求，坚持稳中求进工作总基调，坚持正确改革方向，坚持以人民为中心，坚持全面依法治国，以加强党的全面领导为统领，以国家治理体系和治理能力现代化为导向，以推进党和国家机构职能优化协同高效为着力点，改革机构设置，优化职能配置，深化转职能、转方式、转作风，提高效率效能，积极构建系统完备、科学规范、运行高效的党和国家机构职能体系，为决胜全面建成小康社会、开启全面建设社会主义现代化国家新征程、实现中华民族伟大复兴的中国梦提供有力制度保障。

（一）深化党中央机构改革

中国共产党领导是中国特色社会主义最本质的特征。党政军民学，东西南北中，党是领导一切的。深化党中央机构改革，要着眼于健全加强党的全面领导的制度，优化党的组织机构，建立健全党对重大工作的领导体制机制，更好发挥党的职能部门作用，推进职责相近的党政机关合并设立或合署办公，优化部门职责，提高党把方向、谋大局、定政策、促改革的能力和定力，确保党的领导全覆盖，确保党的领导更加坚强有力。

（二）深化全国人大机构改革

人民代表大会制度是坚持党的领导、人民当家作主、依法治国有机统一的根本政治制度安排。要适应新时代我国社会主要矛盾变化，完善全国人大专门委员会设置，更好地发挥其职能作用。

（三）深化国务院机构改革

深化国务院机构改革，要着眼于转变政府职能，坚决破除制约使市场在资源配置中起决定性作用、更好发挥政府作用的体制机制弊端，围绕推动高质量发展，建设现代化经济体系，加强和完善政府经济调节、市场监管、社会管理、公共服务、生态环境保护职能，结合新的时代条件和实践要求，着力推进重点领域、关键环节的机构职能优化和调整，构建起职责明确、依法行政的政府治理体系，增强政府公信力和执行力，加快建设人民满意的服务型政府。

（四）深化全国政协机构改革

人民政协是具有中国特色的制度安排，是社会主义协商民主的重要渠道和专门协商机构。要加强人民政协民主监督，增强人民政协界别的代表性，加强委员队伍建设，优化政协专门委员会设置。

（五）深化行政执法体制改革

深化行政执法体制改革，统筹配置行政处罚职能和执法资源，相对集中行政处罚权，是深化机构改革的重要任务。根据不同层级政府的事权和职能，按照减少层次、整合队伍、提高效率的原则，大幅减少执法队伍种类，合理配置执法力量。一个部门设有多支执法队伍的，原则上整合为一支队伍。推动整合同一领域或相近领域执法队伍，实行综合设置。完善执法程序，严格执法责任，做到严格规范、公正文明执法。

（六）深化跨军地改革

着眼全面落实党对人民解放军和其他武装力量的绝对领导，贯彻落实党中央关于调整武警部队领导指挥体制的决定，按照军是军、警是警、民是民原则，将列武警部队序列，国务院部门领导管理的现役力量全部退出武警，将国家海洋局领导管理的海警队伍转隶武警部队，将武警部队担负民事属性任务的黄金、森林、水电部队整体移交国家相关职能部门并改编为非现役专业队伍，同时撤收武警部队海关执勤兵力，彻底理顺武警部队领导管理和指挥使用关系。

（七）深化群团组织改革

群团组织改革要认真落实党中央关于群团改革的决策部署，健全党委统一领导群团工作的制度，紧紧围绕保持和增强政治性、先进性、群众性这条主线，强化问题意识，以更大力度、更实举措推进改革，着力解决“机关化、行政化、贵族化、娱乐化”等问题，把群团组织建设得更加充满活力、更加坚强有力。

牢牢把握改革正确方向，始终坚持党对群团组织的领导，坚决贯彻党的意志和主张，自觉服从服务党和国家工作大局，找准工作结合点和着力点，落实以人民为中心的工作导向，增强群团组织的吸引力影响力。要聚焦突出问题，改革机关设置、优化管理模式、创新运行机制，坚持眼睛向下、面向基层，将力量配备、服务资源向基层倾斜，更好适应基层和群众需要。促进党政机构同群团组织功能有机衔接，支持和鼓励群团组织承接适合由群团组织承担的公共服务职能，增强群团组织团结教育、维护权益、服务群众功能，充分发挥党和政府联系人民群众的桥梁纽带作用。加强组织领导，加强统筹协调，加强分类指导，加强督察问责，认真总结经验，切实把党中央对群团工作和群团改革的各项要求落到实处。

（八）深化地方机构改革

地方机构改革要全面贯彻落实党中央关于深化党和国家机构改革的决策部署，坚持加强党的全面领导，坚持省市县统筹、党政群统筹，根据各层级党委和政府的主要职责，合理调整和设置机构，理顺权责关系，改革方案按程序报批后组织实施。

深化地方机构改革，要着力完善维护党中央权威和集中统一领导的体制机制，省市县各级涉及党中央集中统一领导和国家法制统一、政令统一、市场统一的机构职能要基本对应。赋予省级及以下机构更多自主权，突出不同层级职责特点，允许地方根据本地区经济社会发展实际，在规定限额内因地制宜设置机构和配置职能。统筹设置党政群机构，在省市县对职能相近的党政机关探索合并设立或合署办公，市县要加大党政机关合并设立或合署办公力度。借鉴经济发达镇行政管理体制改革试点经验，适应街道、乡镇工作特点和便民服务需要，构建简约高效的基层管理体制。

加强各级党政机构限额管理，地方各级党委机构限额与同级政府机构限额统一计算。承担行政职能的事业单位，统一纳入地方党政机构限额管理。省级党政机构数额，由党中央批准和管理。市县两级党政机构数额，由省级党委实施严格管理。

强化机构编制管理刚性约束，坚持总量控制，严禁超编进人、超限额设置机构、超职数配备领导干部。结合全面深化党和国家机构改革，对编制进行整合规范，加大部门间、地区间编制统筹调配力度。在省（自治区、直辖市）范围内，打破编制分配之后地区所有、部门所有、单位所有的模式，随职能变化相应调整编制。

三、深化党和国家机构改革的重大意义

深化党和国家机构改革是推进国家治理体系和治理能力现代化的一场深刻变革，是关系党和国家事业全局的重大政治任务。

人类实践滚滚向前，任何社会制度都必须随着实践的发展而发展。生机勃发的中国特色社会主义是亿万中国人民的事业。“问渠那得清如许，为有源头活水来。”在改革开放第 40 个年头，深化党和国家机构改革全面启动，标志着全面深化改革进入了一个新阶段，打基础、立支柱、定架构，聚人民创造伟力，固人民千秋基业。这场具有重大历史意义的深刻变革，以鲜明的人民立场、深沉的为民情怀，以其系统性、整体性、重构性，必将成为新时代中国政治体制改革的重大标志，成为焕发社会主义中国活力创造力的强大引擎。

以加强党对各领域各方面工作领导为首要任务，健全党对重大工作的领导体制机制，强

化党的组织在同级组织中的领导地位，更好发挥党的职能部门作用，统筹设置党政机构，推进党的纪律检查体制和国家监察体制改革……坚持和加强党的全面领导，是这次改革的统领词、核心词。中国共产党初心是为人民、使命是为人民、宗旨是为人民，党的领导是中国特色社会主义最本质特征和最大制度优势。完善坚持党的全面领导的制度安排，加强党中央权威和集中统一领导，人民意志、百姓意愿在国家治理中就能够集中体现，人民利益、百姓福祉在国家发展中就有了根本保障。

聚焦人民群众所思所想所盼，加强统的层次和力度，统分结合、主次分明，由“多头分散”整合为“一头抓总”，让应当集中的更集中、需要综合的更综合，强化党和国家机构在教育文化、卫生健康、医疗保障、生态环保、应急管理、退役军人服务、移民管理服务等领域的职能，统筹配置行政处罚职能和执法资源……发挥社会主义制度优越性、整合优化机构职能体系，是这次改革的着眼点、着力点。适应我国社会主要矛盾的变化，满足人民日益增长的美好生活需要，坚持优化协同高效，从顶层设计上积聚和整合各种政治资源、行政资源，全面回应了人民对物质、文化、民主、法治、公平、正义、安全、环境的新要求。

大幅调整宏观管理部门和市场监管部门，减少微观管理事务和具体审批事项，国务院正部级机构减少 8 个、副部级机构减少 7 个，大力推进政社分开、政事分开、管办分离，构建简约高效的基层管理体制，实现重心下移、力量下沉、资源下投……最大限度减少政府对市场资源的直接配置和对市场活动的直接干预，实现资源配置效益最大化和效率最优化，是这次改革的重要任务和要求。理念一变天地宽，发挥市场决定性作用、更好发挥政府作用，不回避权力和利益调整，由做“加法”到做“减法”，由“管得多”到“管得好”，为高质量发展营造制度环境，为释放社会活力打开更大空间。

以推进国家治理体系和治理能力现代化为导向，以构建系统完备、科学规范、运行高效的党和国家机构职能体系为目标，全面规划建设总揽全局、协调各方的党的领导体系，职责明确、依法行政的政府治理体系，中国特色、世界一流的武装力量体系，联系广泛、服务群众的群团工作体系……立足当前、放眼长远，聚焦今后 3 年、着眼未来 30 年，是这次改革的站位所在、格局所在。立足实现“两个一百年”奋斗目标，构建固根本、利长远的组织架构，作出具有前瞻性、战略性的体制安排，为党和国家兴旺发达、长治久安奠定制度基础，为人民根本利益、幸福生活提供坚实保障。

人民，唯有人民，才是创造历史的决定性力量。根在人民，源在百姓。只有为了人民的改革，才能如此大气磅礴；只有依靠人民的改革，才能如此一往无前。

第二节　2018 年宪法修正案

宪法是指调整国家与公民的关系，平衡国家权力和公民权利，承载一国的政治价值理念，确定国家的基本制度和公民的基本权利及义务，规范国家机构的设置及职权的根本大法。

我国宪法以法律的形式确认了中国各族人民奋斗的成果，规定了国家的根本制度和根本任务，是国家的根本法，具有最高的法律效力。全国各族人民、一切国家机关和武装力量、各政党和各社会团体、各企业事业组织，都必须以宪法为根本的活动准则，并且负有维护宪法尊严、保证宪法实施的职责。

一、新中国宪法发展简史

中国共产党自成立之日起，就以实现中华民族伟大复兴为己任，在领导人民接续奋斗的道路上，为建立人民当家作主的新中国、制定人民自己的新宪法，进行了不懈探索，促进了法治中国的不断进步。

1.《中国人民政治协商会议共同纲领》

中华人民共和国成立前夕，限于当时的历史条件，还不能立即召开由普选产生的全国人民代表大会并且制定一部完善的正式宪法。在这种情况下，中国共产党邀请各民主党派、人民团体、人民解放军、各地区、各民族以及海外侨胞等各方面的代表组成中国人民政治协商会议，代表全国各族人民的意志，代行全国人民代表大会的职权，于 1949 年 9 月 29 日通过了起临时宪法作用的《中国人民政治协商会议共同纲领》。

《共同纲领》肯定了人民革命的胜利成果，宣告了封建主义和官僚资本主义在中国统治的结束和人民民主共和国的建立，规定了新中国的国体和政体。宣布取消帝国主义在华的一切特权；没收官僚资本，进行土地改革，并且规定了新中国的各项基本政策和公民的基本权利和义务。尽管它还不是一部正式的宪法，但不管从内容上还是从法律效力上看，它都具有国家宪法的特征，起了临时宪法的作用。它是中华人民共和国成立初期团结全国人民共同前进的政治基础和战斗纲领，对于巩固人民政权，加强革命法制，维护人民民主权利，以及恢复和发展国民经济方面起着指导作用。它的许多基本原则在制定 1954 年宪法时都得到了确认和进一步发展，因而在我国宪政史上有着重要的历史意义。

2. 1954 年宪法

1954 年，第一届全国人民代表大会第一次会议通过了《中华人民共和国宪法》。这部宪法是在 1949 年颁布的起临时宪法作用的《中国人民政治协商会议共同纲领》的基础上修改制定的，是中华人民共和国的第一部宪法。

五四宪法共 4 章 106 条，贯穿民主原则和社会主义原则，确认中国是工人阶级领导的、以工农联盟为基础的人民民主国家，国家的“一切权力属于人民”，人民行使权力的机关是全国和地方各级人民代表大会。全国和地方各级人民代表大会及其他国家机关一律实行民主集中制。规定实行人民民主、实现各民族一律平等，规定国家走社会主义道路，在向社会主义过渡时期的总任务是逐步实现国家的社会主义工业化，逐步完成对农业、手工业和资本主义工商业的社会主义改造，同时规定对资本主义工商业采取利用、限制、改造的政策。

3. 1975 年宪法

1975 年大规模修改的宪法由第四届全国人民代表大会第一次会议通过。这部宪法文本是在“文化大革命”还未结束的特殊历史条件下形成的，是“左”的思想的产物。这部宪法大量删减了宪法必须明确规定的内容，起不到国家生活准则的国家根本大法的作用。

4. 1978 年宪法

1978 年大规模修改的宪法由第五届全国人民代表大会第一次会议通过，对 1975 年宪法文本做了修改。由于当时历史条件的限制，这部宪法未能彻底清理“文化大革命”期间“左”的思想影响，还存在一些不正确的政治理论观念和不适应客观实际情况的条文规定。

5. 1982 年宪法

党的十一届三中全会后，随着国家政治生活、经济生活和文化生活发生巨大变化，制定一部新宪法的要求越来越迫切。

1980 年 8 月 30 日，党中央向第五届全国人大第三次会议主席团提出《关于修改宪法成立宪法修改委员会的建议》。在广泛征求意见和反复修改完善的基础上，历经两年，形成了我国现行宪法——1982 年宪法。1982 年宪法由第五届全国人民代表大会第五次会议通过。

1982 年宪法继承和发展了 1954 年宪法的基本原则，总结了中国社会主义发展的经验，并吸收了国际经验，是一部有中国特色、适应中国社会主义现代化建设需要的根本大法。它规定四项基本原则作为总的指导思想，强调以经济建设作为国家的工作重点，明确规定今后国家的根本任务是集中力量进行社会主义现代化建设。它规定公民在法律面前一律平等，任何组织或个人都不得有超越宪法和法律的特权。关于公民的各项基本权利的规定，更加切实和明确。在国家机构方面，它加强了人民代表大会制度，将原来属于全国人大的一部分职权交由它的常委会行使，恢复设立国家主席作为国家元首的代表。它规定国家领导人连续任期不得超过两届。

1982 年颁布施行的现行宪法，科学总结我国社会主义建设历史经验，指明了国家根本道路和发展方向。历经 1988 年、1993 年、1999 年、2004 年、2018 年五次修正，宪法在中国特色社会主义伟大实践中紧跟时代前进步伐，不断与时俱进，有力推动和保障了党和国家事业发展。

第一次修正是在 1988 年，我国第一次采用宪法修正案的形式修改宪法，由第七届全国人民代表大会第一次会议通过。增加规定“国家允许私营经济在法律规定的范围内存在和发展”，同时将有关条款修改为“土地的使用权可以依照法律的规定转让。”

第二次修正是在 1993 年，第八届全国人民代表大会第一次会议通过宪法修正案，将“社会主义初级阶段”和“建设有中国特色的社会主义”及“改革开放”正式写进宪法。将“家庭联产承包为主的责任制”取代“人民公社”，“市场经济”取代“计划经济”。

第三次修正是在 1999 年，第九届全国人大二次会议再一次通过了宪法修正案。这次是以党的十五大为依据，对宪法部分内容做适当修改：将“邓小平理论”写进宪法序言，与马克思列宁主义、毛泽东思想一起，成为指引我国社会主义现代化建设的旗帜；明确中华人民共和国实行依法治国，建设社会主义法治国家；明确我国将长期处于社会主义初级阶段，确立了我国的社会主义的基本经济制度和分配制度；修改了我国的农村生产经营制度；确立了非公有制经济在社会主义市场经济中的地位；将宪法第二十八条“反革命的活动”修改为“危害国家安全的犯罪活动”。

第四次修正是在2004年，第十届全国人民代表大会第二次会议通过了宪法修正案，确立了“三个代表”重要思想在国家政治和社会生活中的指导地位，同时，“公民的合法的私有财产不受侵犯”“国家尊重和保障人权”内容成为两大亮点。

第五次修正是在2018年，第十三届全国人民代表大会第一次会议于3月11日经投票表决，通过了《中华人民共和国宪法修正案》。这次宪法修改，站在健全完善党和国家领导制度、推进国家治理体系和治理能力现代化的高度，把党的十九大确定的重大理论观点和重大方针政策载入国家根本法，把党和人民在实践中取得的重大理论创新、实践创新、制度创新成果上升为宪法规定，体现了党和国家事业发展的新成就新经验新要求。

二、2018年宪法修正案的具体内容

一是确立科学发展观、习近平新时代中国特色社会主义思想在国家政治和社会生活中的指导地位。

宪法修正案（草案）将宪法序言第七自然段中“在马克思列宁主义、毛泽东思想、邓小平理论和‘三个代表’重要思想指引下”修改为“在马克思列宁主义、毛泽东思想、邓小平理论、‘三个代表’重要思想、科学发展观、习近平新时代中国特色社会主义思想指引下”。同时，在“自力更生，艰苦奋斗”前增写“贯彻新发展理念”。主要考虑是：科学发展观是党的十六大以来以胡锦涛同志为主要代表的中国共产党人推进马克思主义中国化的重大成果，党的十八大党章修正案已经将其确立为党的指导思想。习近平新时代中国特色社会主义思想是马克思主义中国化最新成果，是党和人民实践经验和集体智慧的结晶，是中国特色社会主义理论体系的重要组成部分，是全党全国人民为实现中华民族伟大复兴而奋斗的行动指南，是党的十八大以来党和国家事业取得历史性成就、发生历史性变革的根本理论指引，其政治意义、理论意义、实践意义已被实践所充分证明，在全党全国人民中已经形成高度共识。党的十九大党章修正案已经将其确立为党的指导思想。在宪法中把科学发展观、习近平新时代中国特色社会主义思想同马克思列宁主义、毛泽东思想、邓小平理论、“三个代表”重要思想写在一起，确立其在国家政治和社会生活中的指导地位，反映了全国各族人民的共同意愿，体现了党的主张和人民意志的统一，明确了全党全国人民为实现中华民族伟大复兴而奋斗的共同思想基础，具有重大的现实意义和深远的历史意义。

创新、协调、绿色、开放、共享的新发展理念是党的十八大以来以习近平同志为核心的党中央推动我国经济发展实践的理论结晶，是习近平新时代中国特色社会主义经济思想的主要内容，必须长期坚持、不断丰富发展。把“新发展理念”写入宪法，有利于从宪法上确认这一重要理论成果，更好发挥其在决胜全面建成小康社会，开启全面建设社会主义现代化国家新征程中对我国经济发展的重要指导作用。

二是调整充实中国特色社会主义事业总体布局和第二个百年奋斗目标的内容。

宪法修正案（草案）将宪法序言第七自然段中“推动物质文明、政治文明和精神文明协调发展，把我国建设成为富强、民主、文明的社会主义国家”修改为“推动物质文明、政治文明、精神文明、社会文明、生态文明协调发展，把我国建设成为富强民主文明和谐美丽的

社会主义现代化强国，实现中华民族伟大复兴”。与此相适应，在宪法第三章《国家机构》第三节第八十九条第六项“领导和管理经济工作和城乡建设”后面，增加“生态文明建设”的内容。主要考虑是：从物质文明、政治文明和精神文明协调发展到物质文明、政治文明、精神文明、社会文明、生态文明协调发展，是我们党对社会主义建设规律认识的深化，是对中国特色社会主义事业总体布局的丰富和完善。把我国建设成为富强民主文明和谐美丽的社会主义现代化强国，实现中华民族伟大复兴，是党的十九大确立的奋斗目标。做这样的修改，在表述上与党的十九大报告相一致，有利于引领全党全国人民把握规律、科学布局，在新时代不断开创党和国家事业发展新局面，齐心协力为实现“两个一百年”奋斗目标、实现中华民族伟大复兴的中国梦而不懈奋斗。

三是完善全面依法治国和宪法实施举措。

宪法修正案（草案）将宪法序言第七自然段中“健全社会主义法制”修改为“健全社会主义法治”。主要考虑是：从健全社会主义法制到健全社会主义法治，是我们党依法治国理念和方式的新飞跃。做这样的修改，有利于推进全面依法治国，建设中国特色社会主义法治体系，加快实现国家治理体系和治理能力现代化，为党和国家事业发展提供根本性、全局性、稳定性、长期性的制度保障。同时，在宪法第一章《总纲》第二十七条增加一款，作为第三款：“国家工作人员就职时应当依照法律规定公开进行宪法宣誓。”主要考虑是：全国人民代表大会常务委员会已于 2015 年 7 月 1 日通过了关于实行宪法宣誓制度的决定，不久前全国人大常委会又做了修订，将宪法宣誓制度在宪法中确认下来，利于促使国家工作人员树立宪法意识、恪守宪法原则、弘扬宪法精神、履行宪法使命，也有利于彰显宪法权威，激励和教育国家工作人员忠于宪法、遵守宪法、维护宪法，加强宪法实施。

四是充实完善我国革命和建设发展历程的内容。

宪法修正案（草案）将宪法序言第十自然段中“在长期的革命和建设过程中”修改为“在长期的革命、建设、改革过程中”；将宪法序言第十二自然段中“中国革命和建设的成就是同世界人民的支持分不开的”修改为“中国革命、建设、改革的成就是同世界人民的支持分不开的”。作这些修改，党和人民团结奋斗的光辉历程就更加完整。

五是充实完善爱国统一战线和民族关系的内容。

宪法修正案（草案）将宪法序言第十自然段中“包括全体社会主义劳动者、社会主义事业的建设者、拥护社会主义的爱国者和拥护祖国统一的爱国者的广泛的爱国统一战线”修改为“包括全体社会主义劳动者、社会主义事业的建设者、拥护社会主义的爱国者、拥护祖国统一和致力于中华民族伟大复兴的爱国者的广泛的爱国统一战线”。实现中华民族伟大复兴的中国梦已经成为团结海内外中华儿女的最大公约数。实现中国梦，需要凝聚各方面的力量共同奋斗。只有把全体社会主义劳动者、社会主义事业的建设者、拥护社会主义的爱国者、拥护祖国统一和致力于中华民族伟大复兴的爱国者都团结起来、凝聚起来，实现中国梦才能获得强大持久广泛的力量支持。将宪法序言第十一自然段中“平等、团结、互助的社会主义民族关系已经确立，并将继续加强。”修改为“平等团结互助和谐的社会主义民族关系已经确立，并将继续加强。”与此相适应，将宪法第一章《总纲》第四条第一款中“维护和发展各民族的平等、团结、互助关系”修改为“维护和发展各民族的平等团结互助和谐关系”。主要考虑是：巩固和发展平等团结互助和谐的社会主义民族关系，是党的十八大以来以习近平同志为核心的党中央反复强调的一个重要思想。做这样的修改，有利于铸牢中华民族共同体意识，加强各民族交往交流交融，促进各民族和睦相处、和衷共济、和谐发展。

六是充实和平外交政策方面的内容。

宪法修正案（草案）在宪法序言第十二自然段中“中国坚持独立自主的对外政策，坚持互相尊重主权和领土完整、互不侵犯、互不干涉内政、平等互利、和平共处的五项原则”后增加“坚持和平发展道路，坚持互利共赢开放战略”；将“发展同各国的外交关系和经济、文化的交流”修改为“发展同各国的外交关系和经济、文化交流，推动构建人类命运共同体”。做这样的修改，有利于正确把握国际形势的深刻变化，顺应和平、发展、合作、共赢的时代潮流，统筹国内国际两个大局、统筹发展安全两件大事，为我国发展拓展广阔的空间、营造良好的外部环境，为维护世界和平、促进共同发展做出更大贡献。

七是充实坚持和加强中国共产党全面领导的内容。

宪法修正案（草案）在宪法第一章《总纲》第一条第二款“社会主义制度是中华人民共和国的根本制度”后增写一句，内容为“中国共产党领导是中国特色社会主义最本质的特征”。主要考虑是：中国共产党是执政党，是国家的最高政治领导力量。中国共产党领导是中国特色社会主义最本质的特征，是中国特色社会主义制度的最大优势。宪法从社会主义制度的本质属性角度对坚持和加强党的全面领导进行规定，有利于在全体人民中强化党的领导意识，有效把党的领导落实到国家工作全过程和各方面，确保党和国家事业始终沿着正确方向前进。

八是增加倡导社会主义核心价值观的内容。

宪法修正案（草案）将宪法第一章《总纲》第二十四条第二款中“国家提倡爱祖国、爱人民、爱劳动、爱科学、爱社会主义的公德”修改为“国家倡导社会主义核心价值观，提倡爱祖国、爱人民、爱劳动、爱科学、爱社会主义的公德”。主要考虑是：社会主义核心价值观是当代中国精神的集中体现，凝结着全体人民共同的价值追求。做这样的修改，贯彻了党的十九大精神，有利于在全社会树立和践行社会主义核心价值观，巩固全党全国各族人民团结奋斗的共同思想道德基础。

九是修改国家主席任职方面的规定。

宪法修正案（草案）将宪法第三章《国家机构》第七十九条第三款“中华人民共和国主席、副主席每届任期同全国人民代表大会每届任期相同，连续任职不得超过两届”中“连续任职不得超过两届”删去。主要考虑是：这次征求意见和在基层调研过程中，许多地区、部门和广大党员干部群众一致呼吁修改宪法中国家主席任职期限的有关规定。党的十八届七中全会和党的十九大召开期间，与会委员代表在这方面的呼声也很强烈。大家一致认为，目前，党章对党的中央委员会总书记、党的中央军事委员会主席，宪法对中华人民共和国中央军事委员会主席，都没有做出“连续任职不得超过两届”的规定。宪法对国家主席的相关规定也采取上述做法，有利于维护以习近平同志为核心的党中央权威和集中统一领导，有利于加强和完善国家领导体制。

十是增加设区的市制定地方性法规的规定。

宪法修正案（草案）在宪法第三章《国家机构》第一百条增加一款，作为第二款：“设区的市的人民代表大会和它们的常务委员会，在不同宪法、法律、行政法规和本省、自治区的地方性法规相抵触的前提下，可以依照法律规定制定地方性法规，报本省、自治区人民代表大会常务委员会批准后施行。”增加这一规定，有利于设区的市在宪法法律的范围内，制定体现本行政区域实际的地方性法规，更为有效地加强社会治理、促进经济社会发展，也有利于规范设区的市制定地方性法规的行为。

十一是增加有关监察委员会的各项规定。

为了贯彻和体现深化国家监察体制改革的精神，为成立监察委员会提供宪法依据，宪法修正案（草案）在宪法第三章《国家机构》第六节后增加一节，作为第七节“监察委员会”，就国家监察委员会和地方各级监察委员会的性质、地位、名称、人员组成、任期任届、领导体制、工作机制等做出规定。与此相适应，还做了如下修改。

（1）将宪法第一章《总纲》第三条第三款中“国家行政机关、审判机关、检察机关都由人民代表大会产生”修改为“国家行政机关、监察机关、审判机关、检察机关都由人民代表大会产生”。

（2）将宪法第三章《国家机构》第六十五条第四款“全国人民代表大会常务委员会的组成人员不得担任国家行政机关、审判机关和检察机关的职务”修改为“全国人民代表大会常务委员会的组成人员不得担任国家行政机关、监察机关、审判机关和检察机关的职务”。

（3）将宪法第三章《国家机构》第一百零三条第三款“县级以上的地方各级人民代表大会常务委员会的组成人员不得担任国家行政机关、审判机关和检察机关的职务”修改为“县级以上的地方各级人民代表大会常务委员会的组成人员不得担任国家行政机关、监察机关、审判机关和检察机关的职务”。

（4）在宪法第三章《国家机构》第六十二条第六项后增加一项，内容为“选举国家监察委员会主任”；在宪法第六十三条第三项后增加一项，内容为“国家监察委员会主任”；在宪法第六十七条第六项中增加“国家监察委员会”；在第十项后增加一项，内容为“根据国家监察委员会主任的提请，任免国家监察委员会副主任、委员”。

（5）将宪法第三章《国家机构》第一百零一条第二款中“县级以上的地方各级人民代表大会选举并且有权罢免本级人民法院院长和本级人民检察院检察长”修改为“县级以上的地方各级人民代表大会选举并且有权罢免本级监察委员会主任、本级人民法院院长和本级人民检察院检察长”；将宪法第一百零四条中“监督本级人民政府、人民法院和人民检察院的工作”修改为“监督本级人民政府、监察委员会、人民法院和人民检察院的工作”。

（6）删去宪法第三章《国家机构》第八十九条第八项“领导和管理民政、公安、司法行政和监察等工作”中的“和监察”。删去宪法第一百零七条第一款“县级以上地方各级人民政府依照法律规定的权限，管理本行政区域内的经济、教育、科学、文化、卫生、体育事业、城乡建设事业和财政、民政、公安、民族事务、司法行政、监察、计划生育等行政工作”中的“监察”。

作上述修改，反映了党的十八大以来深化国家监察体制改革的成果，贯彻了党的十九大关于健全党和国家监督体系的部署，也反映了设立国家监察委员会和地方各级监察委员会后，全国人民代表大会及其常务委员会和地方各级人民代表大会及其常务委员会、国务院和地方各级人民政府职权的新变化以及工作的新要求。

十二是修改完善全国人大专门委员会的有关规定。

宪法修正案将宪法第三章《国家机构》第七十条第一款中的“全国人民代表大会法律委员会”更名为“全国人民代表大会宪法和法律委员会”。在全国人大专门委员会这个层面上首次出现“宪法”是加强全国人大在宪法方面的工作的一个重要举措。党的十九大明确提出了加强宪法实施和监督，推进合宪性审查工作，维护宪法权威，也是有利于完善全国人大专门委员会的设置。这个修改内容也有利于加强宪法的实施和监督工作。

三、2018年宪法修正案的重大意义

第十三届全国人大一次会议高票表决通过了宪法修正案。这一结果，充分体现了党的领导、人民当家作主和依法治国的有机统一，体现了党的主张与人民意志的有机统一，对推动宪法与时俱进、完善发展，在新时代发挥“治国安邦总章程”的根本性作用，对全面贯彻党的十九大精神、广泛动员和组织全国各族人民为夺取新时代中国特色社会主义伟大胜利而奋斗，具有重大而深远的意义。

宪法修改是党中央从新时代坚持和发展中国特色社会主义全局和战略高度做出的重大决策。自2004年修改宪法以来，党和国家事业又有了许多重要发展变化，特别是党的十八大以来，以习近平同志为核心的党中央团结带领全党全国各族人民毫不动摇坚持和发展中国特色社会主义，创立了习近平新时代中国特色社会主义思想，统筹推进“五位一体”总体布局、协调推进“四个全面”战略布局，推进党的建设新的伟大工程，推动党和国家事业取得历史性成就、发生历史性变革。党的十九大对新时代坚持和发展中国特色社会主义做出了重大战略部署，确定了新的奋斗目标。为全面贯彻党的十九大精神、更好地发挥宪法在新时代坚持和发展中国特色社会主义中的重大作用，需要对宪法做出适当修改，把党和人民在实践中取得的重大理论创新、实践创新、制度创新成果上升为宪法规定。

宪法修改是推进全面依法治国、推进国家治理体系和治理能力现代化的重大举措。全面依法治国是党治国理政的基本方略，是实现国家治理现代化的重要依托。习近平总书记强调，没有全面依法治国，我们就治不好国、理不好政，我们的战略布局就会落空。必须坚持把依法治国作为党领导人民治理国家的基本方略、把法治作为治国理政的基本方式，不断把法治中国建设推向前进。坚持依法治国首先要坚持依宪治国，坚持依法执政首先要坚持依宪执政。完善以宪法为核心的中国特色社会主义法律体系，是全面推进依法治国的必然要求，是完善和发展中国特色社会主义制度、推进国家治理体系和治理能力现代化的重大举措。

宪法修改是党领导人民建设中国特色社会主义实践发展的必然要求。我国宪法以国家根本法的形式，确认了党领导人民进行革命、建设和改革的伟大斗争和根本成就，确立了国体和政体等国家的根本制度，确立了国家的根本任务、领导核心、指导思想、发展道路、奋斗目标等国家生活中带有全局性、根本性的问题。我国宪法是随着党领导人民建设中国特色社会主义实践的发展而不断发展的。当代中国宪法制度的建立和发展，是我们党领导人民长期奋斗历史逻辑、理论逻辑、实践逻辑的必然结果。“观时而制法，因事而制礼”。我国宪法必须随着党领导人民建设中国特色社会主义实践的发展而不断完善发展，这是我国宪法发展的一条基本规律。从1954年我国第一部宪法诞生至今，我国宪法一直处在探索实践和不断完善过程中。1982年宪法公布施行后，分别进行了5次修改。实践证明，我国宪法是同党团结带领人民进行的实践探索紧密联系在一起的，既保持宪法连续性、稳定性、权威性，又推动宪法与时俱进、完善发展，是我国宪法发展的必由之路。中国特色社会主义进入新时代，这是我国发展新的历史方位。我国宪法应该坚持与时俱进，更好体现党和国家事业发展的新成就、

新经验、新要求。根据新时代坚持和发展中国特色社会主义的新形势、新任务，对我国宪法做出适当修改是必须的、适时的，是符合宪法发展规律、符合时代发展和实践需要的。

“奉法者强则国强，奉法者弱则国弱。”宪法的生命在于实施，宪法的权威也在于实施。只有更加自觉地恪守宪法原则、弘扬宪法精神、履行宪法使命，把实施宪法摆在全面依法治国的突出位置，才能推动党和国家事业顺利发展。以这次宪法修改为契机，加强宪法实施和监督，深入推进科学立法、严格执法、公正司法、全民守法，在全党全社会大力弘扬宪法精神、社会主义法治精神，把依法治国、依宪治国工作提高到一个新水平，必将凝聚起奋进新时代、筑梦新征程的磅礴力量，推动中国特色社会主义事业在法治轨道上行稳致远。

第四章　改革开放四十周年

1978 年十一届三中全会提出改革开放的重大决策，历经四十载的风雨锤炼，中国特色社会主义的乐章在中华大地上奏响。是怎样的环境让中国选择了改革开放？是怎样的勇气让中国坚持了改革开放？回望四十年光景，仿佛转眼一瞬，又如漫漫征程。

第一节　回望改革开放四十年必由之路

十年“文化大革命”，给党、国家和人民带来了巨大的挫折和损失：社会生产力发展缓慢，人民的温饱问题还没有解决，科技教育异常落后等，模仿苏联实行的高度集中的计划经济体制也是弊端频现，国内如此严酷的局面迫切要求改革打破僵局。放眼世界，20 世纪 70 年代世界范围内蓬勃兴起的新科技革命正推动世界经济以更快的速度向前发展，而相较之下，我国停滞不前甚至倒退的经济实力、科技实力与国际先进水平的差距越拉越大。巨大的国际竞争压力和严峻的国内外经济形势倒逼我们必须寻找一条打破僵局，全新的发展道路，改革开放这个极具中国特色的发展思路被大胆地提出并开始实施，从此中国人民开始马不停蹄地追赶时代前进的步伐。

从实践到认识再到实践，这是一个反复多次不断升华的认识过程，只有这样的认识过程才能正确指导人们认识和改造社会。回首 40 年的改革开放道路，当然绝不是一时的心血来潮，是以邓小平同志为核心的第二代中央领导集体在国内外社会改革一次次的失败与探索后果敢地于 1978 年十一届三中全会中提出的，邓小平同志指出：“现在我们干的傻事是几千年来中国从未干过的事，科学社会主义实现了对社会主义理论内容的创新。”[①]改革开放就是要根据中国当时的经济发展要求，不断适时地推进社会主义制度的自我完善和发展，从而使社会主义制度充满生机和活力。

周小川曾用“三驾马车”的比喻来精彩地描述中国渐进式改革的过程。他指出：“改革开放一开始也有自己的三驾马车，一是在农业和农村，主要是家庭联产承包责任制；二是工业（首先是轻纺工业）和城市经济改革，从轻纺工业、五小企业起步，展开社会主义生产目的和物质刺激等政策讨论；三是经济的对外开放。”[②]从他精辟的归纳中我们已经能够大致了解中国的改革思路：从农村到城市再到世界，改革一刻也未曾停歇。

改革开放以前，中国社会农村贫困人口较多，为了改善贫困人口的生活，中国曾模仿苏

① 高霞：《刍议中国改革开放及其历史地位》，《锦诱》，2017（7）。

② 曹远征：《动态演进的中国改革开放》，《财经》，2017（24）。

联探索性地实行过平均主义分配方式的人民公社运动，但当时落后的社会生产力并不适宜采用这样的生产方式，吃大锅饭不利于调动劳动人民的生产积极性。面对严峻的国内外环境，邓小平同志果敢地提出了改革开放这一伟大构想。1978 年安徽小岗村 18 位农民率先冒险在土地责任承包书上按下鲜红手印，正式拉开了改革的序幕，打破了吃大锅饭的局面，通过联产承包责任制度，农民拥有了较大的自主权，种什么、怎么种完全由农民自己说了算，这就充分调动了广大农民群众的劳动积极性和创造性，促进群众收入大幅提升，这是穷则思变的勇气与智慧。从此，小岗村的成功经验由点到面全国范围内推广开来，改变了中国农村的发展史，解决了中国人民吃不饱穿不暖的问题，中国人民正式告别了饥饿开始迈向全面小康之路。

农村改革的深入发展助推了城市经济改革的顺利进行。改革开放之前，中国社会一直实行苏联模式的计划经济，虽然计划经济能够很好地集中社会主义国家的人力、物力、财力办大事，但是随着经济规模的不断增大，全社会资源的合理配置变得困难重重，这种缺乏活力与动力的经济体制逐渐让企业失去主动性与活力，严重影响经济的持续健康发展和人民生活的改善，政府不得不依靠票证解决商品供应短缺的问题。为了解决计划经济的弊病，1992 年党的十四大提出建立社会主义市场经济体制，有效地将计划与市场结合起来，发展中国特色的社会主义经济。1997 年党的十五大把以“公有制为主体、多种所有制经济共同发展”作为我国社会主义初级阶段的基本经济制度，明确了非公有制经济的重要地位，促进了非公有制经济的快速健康发展。2013 年党的十八届三中全会进一步完善市场经济体制，将“市场在资源配置中起基础性作用”改为“市场在资源配置中起决定性作用”，最大限度地给市场的调节作用提供空间。

第二节　改革开放四十年的巨大成就和深刻教训

四十载风雨历程，四十载苦难春秋，这是催人奋进的四十年，这也是发人深省的四十年，没有中国特色的社会主义改革开放，就没有现在的中国，当然更谈不上未来的“中国梦”，当前的改革开放让中国处在了大有作为的战略机遇期。

一、改革开放四十年的巨大成就

1. 人民生活水平迈上新台阶，由满足基本的温饱向全面小康转变

改革开放是一场深刻的历史变革，其最重要的目的就是要化解人民日益增长的物质文化需要同落后的社会生产之间的社会矛盾，消灭剥削，消除两极分化，最终实现共同富裕，因此快速、健康、可持续地发展生产力成了根本任务。

改革开放前，人民的生活水平较低，改革开放后家庭联产承包责任制和社会主义市场经济制度的实行，极大地调动了劳动积极性，促进了人民生活水平的极大提升，中国开始由满足基本温饱的目标迈向全面小康的目标。

老百姓的钱袋子鼓起来了，对于生活品质的追求更有信心了。除了满足基本的温饱，已

经迈进小康生活的老百姓有了更多的闲情和闲钱欣赏生活中其他美好的风景，生活方式和思维模式也潜移默化地发生着变化：吃要健康，穿要时尚，住要舒适，玩要尽兴……还未迈进小康行列的老百姓正努力打响脱贫攻坚战，从改革开放至今，脱贫人数已将近 8 亿，未来中国还在继续努力，以每年减少一千万贫困人口步伐向 2020 年实现全面小康这个目标前进。如今医疗体制改革、住房保障改革、二胎政策实施……一系列惠民政策的出台，让我们对未来美好生活的实现充满信心。

四十年的发展，人们的物质生活水平和精神生活水平都有了极大的提高，“中国实现了从 1978 年城镇人口人均收入 343 元、农村人口人均收入 133.6 元到 2016 年分别超过 3.3 万元和 1.2 万元的飞跃；实现了从 1978 年中国经济占世界经济比重 1.8%、对世界经济贡献率 2.3%，到 2016 年分别达到 14.9%和 34.7%的快速增长。”①1978 年，老百姓赚 100 元钱可能有 60 元钱都是拿来买食品，今天中国老百姓每月仅用 39%的收入用于购买食品，而另外 61%用于购买提高美好生活的商品。1978 年，中国一年的汽车产销量是 10 万辆，而 2017 年中国的汽车产销量达到 2940 万辆，汽车成了很多家庭的标配。同时，所有和农业文明、工业文明相关的基础生产资料，中国都是最大的消耗国。

“改革开放初期，由于‘文化大革命’的破坏，教育事业基本处于瘫痪状态，大量高等院校和中专学校中断招生，恢复高考第一年仅录取大学生 27.3 万人，18～21 岁大学生毛入学率仅 3%左右，中小学办学条件差，教学质量较低，社会上存在大量的文盲、半文盲。经过近 40 年的发展，义务教育实现了较高水平的均衡发展，高等教育每年招收大学生 750 万左右，毛入学率达 42.9%，超过中高收入国家水平，即将进入普及化阶段；我国已拥有 1.75 亿受过高等教育、8100 多万科学技术工作者的庞大队伍，正在开启在全球配置人才资源的时代。科学技术发展突飞猛进，实现了由急起直追到并驾齐驱再到弯道超车的跨越式发展，一些科学技术领先世界。社会主义民主政治不断健全和完善，人民当家做主的地位更加巩固，法治建设不断完善，迄今制定了 260 多部法律，涵盖所有社会生活领域，完成了资本主义国家需要花上百年时间才能走过的法治建设道路。中国文化进入大发展、大繁荣时代，一举改变了在世界上声音微乎其微的状况，屹立于世界民族之林。”②

2. 经济体制进行新调整，由计划经济向社会主义市场经济转变

改革开放是时代的选择，人民的选择，同时也是社会发展规律的选择。20 世纪 50 年代初，中国物资紧缺，只好硬着头皮摸着石头过河，开始借鉴苏联模式的计划经济制度，但随着社会主义的发展，这种经济制度的弊病逐渐显现。改革开放实施后提出的发展社会主义市场经济，让市场在资源配置中的基础性作用得到体现，这种以市场为主，国家宏观调控为辅的经济形态让中国经济突飞猛进，经济增速一直名列前茅，为各方面发展打下了坚实基础。在改革开放的思路下，中国的制造业建立并不断完善，服务业比重不断增加，在中国经济发展进程中占有举足轻重的地位。

“改革开放 40 年来，我国经济实力和综合国力空前提升，人民生活水平根本改善，国际

---

①② 黄百炼：《中国特色社会主义是改革开放以来党的全部理论和实践的主题》，《当代世界与社会主义》（双月刊），2017（5）。

话语权和影响力不断提高，GDP跃居世界第二，成为世界第一制造大国、第一货物贸易大国、第一外汇储备大国，成功实现了从低收入国家向中等收入国家的跨越。中国在几十年时间里成功跨越了西方发达国家实现工业化几百年的时间，经济发展成功实现了‘弯道超车’。中国用仅占世界7%的耕地养活了占世界五分之一的人口，扶贫攻坚任务顺利推进。“中国制造”成为世界经济增长强大引擎，2016年为世界经济增长贡献了34%。在面对百年一遇的长江特大洪水、汶川大地震等自然灾害时，在举办奥运会以及一系列重大工程过程中，集中力量办大事的社会主义制度优越性更加充分展示出来。科技教育迅猛发展，一批批优秀人才脱颖而出，一批批留学生学成回国，高铁、高性能计算机、航母、北斗导航、载人航天、探月工程、量子通信、海洋深潜等高精尖技术呈现井喷式发展，从2015年开始世界专利申请数量排名第一，移动支付、物流水平领先世界，一系列的‘中国制造’‘中国智造’和‘中国创造’令世界赞叹和瞩目。在构建国际新秩序和全球治理过程中，中国智慧、中国方案、中国声音发挥着越来越大的作用，中国在国际舞台上将发挥越来越大的作用。”①

3. 对外开放谋划新格局，由封闭孤立向全方位多领域转变

改革与开放是相辅相成的有机体，事实已经证明，只有全面地认识自身，正确地处理好内外关系，不断地坚持通过改革从内部完善自我，同时敞开大门对外开放，才能够实现自身的健康发展。

改革开放是一场以国家现代化为目标的文明运动。打开国门，以海纳百川之势“走出去”与“引进来”，开放深圳为首的一系列经济特区，从沿海到沿江再到内陆，从金融领域到文化领域再到能源、交通等各个领域，一步步实现全方位多领域的开放布局；同时以和平共处、利益共同体的原则，积极地与世界各国建立良好关系，以命运共同体的理念共谋发展。

习总书记关于“一带一路”倡议的实行，进一步推动了中国的开放势头，开启了对外开放的新格局。“倡议真金白银的投资项目、切实可行的合约签订都在彰显政策沟通、设施联通、贸易畅通、资金融通、民心相通五大理念。建设成果不断凸显：与‘一带一路’沿线国家签署130多个交通互联互通协定等使得政策沟通不断深化；中欧班列普特拉姆燃煤电站等道路建设不断加强设施联通；2014—2016年，中国与‘一带一路’沿线国家贸易总额约20万亿元，推动‘一带一路’电商交易等促进贸易畅通；增进亚投行与世行贸易联系等促进沿线国家资金融通扩大；一带一路旅游共同体构建、汉语热潮掀起等让中国与世界民心相通。”

随着中国开放程度的逐渐增加，中国的民主法治进程也发生了明显的改变。坚持依法治国，强调民主制度化、法制化，并与改善民生、完善基层群众自治制度相结合，不断建立和完善舆论监督与信访制度。

改革开放所带来的一系列巨大的成绩不仅仅影响了中国的发展进程，同时也对世界各国的发展起到了一定的启发作用。1991年东欧剧变以后罗马尼亚人用“中国模式”一词表示对中国发展的赞誉，2004年美国学者乔舒亚·库珀·雷默提出“北京共识”一词进一步对“中国模式”进行研究。他在英国《金融时报》发表了《北京共识》一文，对中国改革开放的成就做出了全面、理性的分析和思考，指出中国探索出了一种适合本国国情的发展模式，由此

① 季正聚：《改革开放与“四个自信”——兼驳质疑改革开放的错误观点》，《马克思主义与现实》，2017（4）。

国际上掀起了一股有关“中国模式”的研究热潮。习近平总书记指出：“所谓的‘中国模式’是中国人民在自己的奋斗实践中创造的中国特色社会主义道路。”随着“中国速度”“中国震撼”“中国奇迹”一步步让世界为之惊叹，“中国模式”的成功实践让许多国家刮目相看，纷至沓来向中国取经，开始结合自身国情进行改革，推动本国经济发展。

二、改革开放四十年的深刻教训

正如习近平总书记在庆祝中国共产党成立 95 周年大会上的讲话中所指出的：“今天，时代变化和我国发展的广度和深度远远超出了马克思主义经典作家当时的想象。同时，我国社会主义只有几十年实践，还处在初级阶段，事业越发展新情况新问题就越多，也就越需要我们在实践上大胆探索，在理论上不断突破。”改革的每一步走得并非一帆风顺，改革开放的四十年，既是拥有巨大成就的四十年，也是拥有深刻教训的四十年。特别是随着改革由浅入深的不断推进，触及的矛盾越来越深，涉及的利益关系也越来越复杂。在这个“矛盾累积隐患叠加”的时期，如何“冲破利益固化的藩篱”“革自己的命”需要超高的智慧与魄力。

改革，不是单一地对某一问题进行调整和改善，它的每一步都有可能牵涉其他部分，所以，我们很难准确地区分改革的是纯粹的经济体制、政治体制抑或是社会体制的哪个部分，这是一个需要从整体视角观察、规划、推进的过程。所以，不得不承认，在四十年的改革开放过程中，由于改革的不够深入、不够到位以及利益协调的不够完善，导致改革红利分配不均等问题。“天下熙熙皆为利来，天下攘攘皆为利往”，这种利益分配的结构大部分是合理合法的获得，也不乏一些人打法律的擦边球甚至通过特权或贪腐等非法的方式获取。如何打破利益固化的藩篱，真正让广大人民群众获益，这是中国未来改革需要破除的一道难题。

“行百里者半九十”，改革永无止境，中国的改革征程依旧任重道远。“中国经济的总量已是全球第二，但如何加快发展方式转变打造升级版尚未解决；改革启动了使许多人受益的创富运动，但如何很好地普惠于全体社会成员尚未解决；全面法制化取向下，发扬人民民主的要求十分明确，但如何真正形成公平正义的民主法治社会，还存在很多难题尚未解决；改革必须坚持市场取向和物质利益原则，形成充分的激励，但如何有效地矫正‘市场失灵’和成功地限制‘为富不仁’，仍有一系列纠结尚未解决；允许一部分人、一部分地区先富起来，符合事物发展的客观规律，但先富势头形成之后如何很好地调节个人、区域之间的收入差异，有效推进共富进程尚未解决；政府积极运用产业政策、技术经济政策以更好、更有作为地发挥其职能作用确有必要，但以什么样的机制施行好这种政策措施而防止权力的任性与扭曲尚未解决；领导干部‘职务终身制’的废止十分值得肯定，但领导干部的‘待遇终身制’如何改变尚未解决等等”。[①]

中国的改革开放成绩斐然，放眼全球经济的发展，中国要继续发展，除了依靠总量之外相伴随的增长质量、综合国力，还需要物质层面种种发展支撑之上的软实力、巧实力。作为

① 贾康：《将中国改革开放的现代化伟业进行到底——纪念改革开放 40 周年》，《全球化》，2017（10）。

一个发展中国家，中国虽是新兴经济体的领头羊，但总量并不是总体综合评判的关键，所以目前中国只能算是一个表现着追赶特征、走在发展中国家前列的经济体。中国未来的改革方向应该是要去面对一个质的挑战，这个质量应该是发展方式的转变、经济社会转型中的增长质量。

有人主张在开放的过程中全盘学习西方文化，认为中华文明是落后的象征，这是对自身文化极不自信的表现。“欲人勿疑，必先自信”，中华文明是历史上唯一没有被中断过的文明，中华文化博大精深、源远流长，具有丰富的文化底蕴，沉淀着中华民族的骨气、底气与精神追求，我们应该创造性地转化与继承。改革开放以来，社会主义中国在各种优秀文化的交融碰撞中兼收并蓄，极大地提高了我国的文化软实力，在这个过程中我们也自信从容地向世界介绍中华文明。“2016 年中国文化产品出口近 800 亿美元，中国政府已经与 150 多个国家签署了文化合作协议。现在，中国已在 130 个国家和地区建立了 500 多所孔子学院和 1000 多个中小学孔子课堂，学员总数近 200 万人。越是民族的就越是世界的，中华文化在与各国文化交流和融合中焕发出独特的魅力与光彩。《习近平谈治国理政》一书已有 20 多个外语语种版本在世界各国出版发行。中国倡导的‘一带一路’和亚投行有利于国际社会分享中国繁荣和发展的成果，彰显了中国的影响力，提升了中国的形象，展示了中国作为一个大国的担当精神。”①

第三节　将改革进行到底

国内外许多学者都在研究中国奇迹出现的奥秘，1991 年诺贝尔经济学奖得主罗纳德·哈里·科斯（制度经济学的奠基人之一）去世前四年写下《变革中国》一书，书中他有三个结论：（1）1978 年中国的改革开放是二战以后人类历史上最为成功的经济改革运动；（2）中国的经济总量在未来十几年内超过美国是一个大概率事件；（3）中国经济的发展无法用西方的制度经济学来解释，中国改革的成功是人类行为的意外后果。从罗纳德研究得出的结论可以发现，改革开放确实是中国模式中至关重要的一步。

习近平总书记立足于历史的经验与现实的需要反复强调，改革开放是决定当代中国命运的关键一招，也是决定实现“两个一百年”奋斗目标、实现中华民族伟大复兴中国梦的关键一招。“革命尚未成功，同志仍需努力”，改革无异于一场壮烈的革命，过去 40 年的成绩值得肯定，但过程中存在的问题亦不可忽视，改革的实质是从根本上改变束缚生产力发展和社会进步的各种不合理的机制体制，从而适应社会主义现代化发展的需要。

2013 年 11 月 9 日，党的十八届三中全会通过《中共中央关于全面深化改革若干重大问题的决定》，中央专门成立全面深化改革领导小组，决定对中国经济体制、政治体制、社会体制、生态文明体制、财税体制、行政体制、行政执法体制、医疗卫生体制、司法体制、科技体制等方面进行改革，足见中央全面改革的决心和改革的全面性。

① 季正聚:《改革开放与“四个自信”——兼驳质疑改革开放的错误观点》,《马克思主义与现实》, 2017（4）。

一、深化改革需要理性果敢，全篇谋局

改革开放不可能是一帆风顺的，在40年的摸索前进中，我们遇到了不少的困难与挑战，比如贫富差距问题、腐败问题、生态环境问题、区域发展和城乡发展不平衡问题、食品安全和生产安全问题、司法和教育不公平现象、看病难买房难问题等，如果我们只见树木不见森林，过分夸大问题的性质和严重性，以点带面地宣扬一种消极悲观的结论，那么只会导致认识上的形而上学和实践上的错误决定。全面理性地分析改革开放过程中遇到的种种问题与矛盾，认真寻找方略对策，有的放矢、对症下药，以积极的心态、坚定的决心和果敢的举措一步步完成阶段性的任务与目标，就能够解决长期想解决而未能解决的问题，长期希望办成而未能办成的大事。习近平总书记多次指出，在全面深化改革中，要高度重视运用法治思维和法治方式，发挥法治的引领和推动作用。

“改革的困难就像一筐螃蟹，抓起一个又牵起另外一个，必须全面启动。”战略性的思维不仅仅是一种能力，在新时代的改革中，它更是一种责任。从中央到地方再到基层一线，每一位中华儿女都应该凝聚这样一种共识，有全局思维和大局担当。“1+1=2，被推选为最伟大的数学公式之一。但现实生活中，既存在 1+1>2 的可能，比如强强联手的倍增效应，也存在 1+1<2 的情况，比如九龙治水水不治的治理难题。”在改革的过程中，我们不应当仅仅在当前已有成绩中停滞不前，而应尽可能地将改革的效益最大化。

社会主义大国苏联解体的惨痛教训已经告诉我们：走封闭僵化的老路是行不通的，改旗易帜的邪路是不能走的，中国要通过改革开放探索出一条符合中国国情的社会主义发展之路，“中国要顺应和平、发展、合作、共赢的时代潮流，走一条新型的现代化之路，努力打造人类命运共同体；努力改善民生和创新社会治理，推进全面建成小康社会；以新发展理念引领发展，大力推进生态文明建设，促进经济可持续健康发展；不断推进法治中国建设，坚持党领导人民治理国家的基本方略，努力实现国家治理体系和国家治理能力现代化；充分发挥社会主义制度的优越性，坚持和发展适合中国国情的社会主义政治制度。”[①]站在前人的肩膀上，我们只有继续带着战略性的眼光全篇谋局，大胆进取，锐意革新，我们才能走得更远，最终抵达我们想去的地方。

二、深化改革需要旗帜鲜明，方向坚定

邓小平同志曾在党的十二大开幕词中明确指出：“照抄照搬别国经验、别国模式，从来不能得到成功。这方面我们有过不少教训。把马克思主义的普遍真理同我国的具体实际结合起来，走自己的道路，建设有中国特色的社会主义，这就是我们总结长期历史经验得出的基本结论。”改革开放新时期就是要不断开辟中国特色的社会主义道路，形成中国特色的社会主义

① 季正聚:《改革开放与“四个自信”——兼驳质疑改革开放的错误观点》,《马克思主义与现实》,2017（4）。

理论体系，确立中国特色的社会主义制度，形成最鲜明的中国特色和中国经验，从道路、理论、制度、文化支撑中国特色社会主义的伟大实践。

“历史经验教训说明，不开放不行。开放伤害不了我们。我们的同志就是害怕引来坏的东西，最担心的是会不会变成资本主义。我们知道肯定会带来一些消极因素，要意识到这一点，但不难克服，有办法克服。你不开放，再来个闭关自守，五十年要接近经济发达国家水平，肯定不可能。”①我们必须明确的是学习和借鉴国外优秀的文明成果和先进的技术与管理经验来发展、壮大社会主义中国并不是要变成资本主义社会，这仅仅是促进旗帜鲜明、方向坚定的特色社会主义中国走向现代化国家的一种手段。改革开放已经成为推动中国特色社会主义发展的根本动力，坚定社会主义立场与方向，中国特色社会主义才能够取得巨大成就。

“中国的改革开放不是历史的偶然，而是穷则思变的伟大觉醒，是中国人民为了摆脱贫穷、走向富裕的主动变革，也是中国人民经过自己的实践探索出的一条中国特色社会主义道路，为实现中国现代化开辟了美好前景，是中华民族实现伟大复兴的成功之路。”②

三、深化改革需要自信从容，辩证思维

习近平同志强调，观察和认识中国，历史和现实都要看，物质和精神也都要看。中华民族 5000 多年文明史，中国人民近代以来 170 多年斗争史，中国共产党 90 多年奋斗史，中华人民共和国 60 多年发展史，改革开放 30 多年探索史，这些历史一脉相承，不可割裂。脱离了中国的历史，脱离了中国的文化，脱离了中国人的精神世界，脱离了当代中国的深刻变革，是难以正确认识中国的。“站立在 960 万平方公里的广袤土地上，吸吮着中华民族漫长奋斗积累的文化养分，拥有 13 亿中国人民聚合的磅礴之力，我们走自己的路，具有无比广阔的舞台，具有无比深厚的历史底蕴，具有无比强大的前进定力。中国人民应该有这个信心，每一个中国人都应该有这个信心。”③

当然，我们越有信心，走的每一步也要越加小心。新兴的中国也是不断成长的中国，成长的过程中伴随着成功，同时也有烦恼与阵痛。我们应该肯定 40 年改革开放经济稳步上升的骄人成绩，我们也要看到稳步上升过程中经济也有下行压力；我们应该肯定老百姓收入的显著提高，生活水平的显著改善，我们也应当看到老百姓不满意的问题依旧较多；我们应该肯定结构调整取得积极的成效，我们也应当看到部分行业依旧存在产能过剩……用辩证的思维去认识改革，继续改革，才能最大可能少走弯路。

“天下之理，有张必有翕，有强必有弱，有兴必有废，有与必有取”，全面深化改革过程中，应该要学会通过矛盾的视野一分为二地去看待和处理问题，只有多角度地想问题，才能在改革大流中读懂复杂的中国故事，科学把握改革的方向。中央一再强调，改革应该以重大问题为导向，立足破解经济社会发展的瓶颈制约、群众反映强烈的突出问题，努力破解体制机制障碍。中华人民共和国成立至今的风云岁月已经用实践检验了辩证思维的科学性，思路

① 邓小平：《邓小平文选》（第三卷），人民出版社 1993 年版，第 90 页。

② 汪勤：《正确评价改革开放中出现的“非意识形态化”问题》，《理论观察》，2017（9）。

③ 习近平：《在纪念毛泽东同志诞辰 120 周年座谈会上的讲话》，新华网，2013-12-26。

决定出路，改革已经到了关键时刻，没有回头路可走，用辩证的思维武装头脑，提高治理能力，才能用思想的力量更快地推进改革的步伐。

四、深化改革需要科学领导，法治规范

习近平同志曾指出：中国共产党的独特优势“包括理论优势、政治优势、组织优势、制度优势和密切联系群众的优势。”改革开放的成功，离不开中国共产党将马克思主义基本原理同中国具体实际相结合而总结凝练出来的创新理论，党的民主集中制通过正确的集中形成统一的意志与行动，保证改革开放和社会主义现代化建设的顺利进行，可以说只有中国共产党才有能力承担推动改革开放的重任，才是改革开放的坚强领导核心。

习近平深刻指出：“历史和人民选择中国共产党领导中华民族伟大复兴的事业是正确的，必须长期坚持、永不动摇；中国共产党领导中国人民开辟的中国特色社会主义道路是正确的，必须长期坚持、永不动摇。”[①]他还说：“办好中国的事情，关键在党。中国特色社会主义最本质的特征是中国共产党领导，中国特色社会主义制度的最大优势是中国共产党领导。坚持和完善党的领导，是党和国家的根本所在、命脉所在，是全国各族人民的利益所在、幸福所在。”[②]

通过“依法办事，有事找法，解决问题用法，化解矛盾靠法”的法治意识凝聚改革共识，规范发展行为，化解社会矛盾，保障社会和谐的思维方式在新时代正逐渐深入人心。改革已经进入攻坚期和深水区，自下而上的改革无一不是牵一发而动全身，复杂的改革进程需要简约治理，法治的思维和手段正是解决问题提纲挈领的抓手，也是冲破利益藩篱，打破限制壁垒，铲除权力寻租土壤的必由之路。

在法治的规则和程序下改革凝聚了广泛的民意基础，这正是突破改革的关键环节和重点领域的澎湃助推力，不同于过去时代自上而下的管控治理方式，现代社会的法治治理，营造了一个以法律为边界的自由开放空间，更多的群众和社会组织成为多元治理的主体，这就使得改革与宏观经济的健康运行以及人民群众关心的突出问题能够协同推进。“立善法于天下，则天下治；立善法于一国，则一国治”，通过善法实现善治既是新时代现代化国家发展的内在要求，也是保障公民权利、维护公平正义的必由之路。

五、深化改革需要以人为本，为民谋利

尽管当前中国的社会成员之间依然存在一定的收入差距，但日益健全的社会保障体系和意志坚决的脱贫攻坚战等自始至终体现了中国共产党“全面小康不能让一个人掉队”“发展成果由人民共享”的执政理念和共同富裕的根本目标。

早在春秋时期，大思想家管仲就曾提出“以人为本”的治国思想，以人为本的发展观是现代社会主义中国发展的出发点。如果说 20 世纪 70 年代人们关注经济的增长，在乎自己的

①②《习近平在庆祝中国共产党成立95周年大会上的讲话》，《人民日报》，2016-07-02。

钱包是否越来越鼓，那么 20 世纪 80 年代人们则更加重视精神的满足度，20 世纪 90 年代人们开始关注个体自身的发展与完善程度，进入 21 世纪，全面发展的观点则潜入更多人的价值观……

“全面深化改革必须以促进社会公平正义，增进人民福祉为出发点和落脚点。”“要把促进社会公平正义、增进人民福祉作为一面镜子，审视我们各方面体制机制和政策规定，哪里有不符合促进社会公平正义的问题，哪里就需要改革；哪个领域哪个环节问题突出，哪个领域哪个环节就是改革的重点。”

改革开放是发展中国特色社会主义、实现中华民族伟大复兴的必然选择，是决定中国前途命运的关键抉择，是根据马克思主义伟大理论和中国具体国情所得出的正确结论，只有社会主义才能救中国，只有改革开放才能发展中国。停滞不前、反复拖延的改革开放只会葬送过去的改革成果；让当前的改革问题丛生累积，最终断送特色社会主义中国的发展潜力。将改革进行到底需要在许多方面继续努力，“以战略思维谋全局，以辩证思维解矛盾，以法治思维图善治，以系统思维聚合力，以底线思维定边界，以创新思维增活力，以开放思维拓视野……这些新的改革思想，夯筑着一个国家治国理政的基石，并正在成为人类文明的一部分”。

第五章　聚焦我国当前的经济形势和发展前景

第一节　我国当前的经济形势

一、正确认识经济新常态

2014 年 5 月在考察河南的行程中，习近平首次提及“新常态”一词，他说：“中国发展仍处于重要战略机遇期，我们要增强信心，从当前中国经济发展的阶段性特征出发，适应新常态，保持战略上的平常心态。”“新”指的是“有异于旧质”，而“常态”则是指固有的状态。那么新常态就是指不同以往的、相对稳定的状态，这也是一种趋势性、不可逆的发展状态，标志着我国经济已经进入到与过去三十多年的高速增长期所不同的一个新阶段。

经济新常态，则是指在经济结构对称态基础上的经济可持续发展，包括经济可持续稳增长。经济新常态是强调“调结构、稳增长”的经济，而不是总量经济；着眼于经济结构的对称态及在对称态基础上的可持续发展，而不仅仅是 GDP、人均 GDP 增长与经济规模最大化。经济新常态就是用增长促发展，用发展促增长。经济新常态不是不需要 GDP，而是不需要原来的 GDP 增长方式；不是不需要增长，而是把 GDP 增长放在发展模式中定位，使 GDP 增长成为再生型增长方式、生产力发展模式的组成部分。经济新常态就是在找准经济增长点、实现经济结构对称态的基础上实现经济高速可持续发展，其中包括高质量无水分的 GDP 高速可持续增长。

全球经济危机的大爆发宣告了世界经济步入“大调整”与“大过渡”的时期。这种大时代背景与中国阶段性因素的叠加决定了中国经济进入增速阶段性回落的“新常态”时期，并呈现出与周期性调整不一样的新现象和新规律。改革开放以来，我国的经济迎来了高速发展时期，经济增速保持在 10%左右，而到了 2012 年则出现了拐点，经济增速下降到不足 8%。面对中国发展所处的重要战略机遇期，中共中央政治局召开会议，指出为适应经济发展新常态，创新宏观调控思路和方式，破解经济社会发展难题而不懈努力。“新常态”在彰显中国共产党人对现实问题和未来挑战的清醒认识中，在彰显中国共产党人对现实机遇的从容把握和对未来发展的信心把握中，在彰显中国共产党人对自身使命的担当中，在彰显中国共产党人治国理政的实力智慧和意志的背景中逐渐形成。

习近平总书记指出，新常态下我国经济发展的主要特点是：增长速度要从高速转向中高速；发展方式要从规模速度型转向质量效率型；经济结构调整要从增量扩能为主转向调整存量、做优增量并举；发展动力要从主要依靠资源和低成本劳动力等要素投入转向创新驱动。

这些变化，是我国经济向形态更高级、分工更优化、结构更合理的阶段演进的必经过程。谋划和推动“十三五”时期我国经济社会发展，就要把适应新常态、把握新常态、引领新常态作为贯穿发展全局和全过程的大逻辑。新常态下，尽管我国经济面临较大下行压力，但“十三五”及今后一个时期，我国仍处于发展的重要战略机遇期，经济发展长期向好的基本面没有变，经济韧性好、潜力足、回旋空间大的基本特质没有变，经济持续增长的良好支撑基础和条件没有变，经济结构调整优化的前进态势没有变。我们要把握这些大势，坚持以经济建设为中心，坚持发展是硬道理的战略思想，变中求新、新中求进、进中突破，推动我国发展不断迈上新台阶。而推进供给侧结构性改革则是今后一个时期内引领我国经济发展的重大思路。习近平总书记一针见血地指出：供给和需求是市场经济内在关系的两个基本方面，是既对立又统一的辩证关系。二者相互依存、互为条件。没有需求，供给就无从实现，新的需求可以催生新的供给；没有供给，需求就无法满足，新的供给可以创造新的需求。供给侧和需求侧是管理和调控宏观经济的两个基本手段。需求侧管理，重在解决总量性问题，注重短期调控，主要是通过调节税收、财政支出、货币信贷等来刺激或抑制需求，进而推动经济增长。供给侧管理，重在解决结构性问题，偏重激发经济增长动力，主要通过优化要素配置和调整生产结构来提高供给体系质量和效率，进而推动经济增长。

因此，习近平总书记明确指出：推进供给侧结构性改革，是适应和引领经济发展新常态的重大创新，是适应国际金融危机发生后综合国力竞争新形势的主动选择，是适应我国经济发展新常态的必然要求。习近平总书记进一步指出：推进供给侧结构性改革，要从生产端入手，重点是促进产能过剩有效化解，促进产业优化重组，降低企业成本，发展战略性新兴产业和现代服务业，增加公共产品和服务供给，提高供给结构对需求变化的适应性和灵活性。简言之，就是去产能、去库存、去杠杆、降成本、补短板。去产能，就是积极稳妥化解产能过剩；去库存，就是要有序化解房地产库存；去杠杆，就是要有效防范化解金融风险；降成本，就是要积极帮助企业降低成本；补短板，就是要扩大有效供给，从严重制约经济社会发展的重要领域和关键环节、从人民群众迫切需要解决的突出问题着手，既补硬短板也补软短板，既补发展短板也补制度短板。推进供给侧结构性改革，要实施相互配合的宏观政策要稳、产业政策要准、微观政策要活、改革政策要实、社会政策要托底的五大政策支柱。推进供给侧结构性改革，要处理好政府和市场的关系、短期和长期的关系、减法和加法的关系、供给和需求的关系等几个重大关系。

二、2018 中央经济工作会议精神解读

为了总结党的十八大以来我国经济发展的历程，分析当前经济形势以及部署 2018 年经济工作，2017 年 12 月 18 日至 20 日，中央经济工作会议在北京举行。

党的十八大以来，我国经济发展取得历史性成就，发生历史性变革，为其他领域改革发展提供了重要的物质条件。经济实力再上新台阶，经济年均增长达 7.1%，我国已经成为世界经济增长的主要动力源和稳定器。我国经济结构出现了重大变革，在推进供给侧结构性改革的同时促进供求平衡，而经济体制改革持续推进，也使得经济更具有活力和韧性。对外开放深入发展，倡导和推动共建“一带一路”，积极引导经济全球化朝着正确方向发展。人民获得

感、幸福感明显增强，脱贫攻坚战取得决定性进展，基本公共服务均等化程度不断提高，形成了世界上人口最多的中等收入群体。生态环境状况明显好转，推进生态文明建设决心之大、力度之大、成效之大前所未有，大气、水、土壤污染防治行动成效明显。

5年来，在以习近平同志为核心的党中央领导下，坚持观大势、谋全局、干实事，成功驾驭了我国经济发展大局，在实践中形成了以新发展理念为主要内容的习近平新时代中国特色社会主义经济思想。坚持加强党对经济工作的集中统一领导，保证我国经济沿着正确方向发展；坚持以人民为中心的发展思想，贯穿到统筹推进“五位一体”总体布局和协调推进“四个全面”战略布局之中；坚持适应把握引领经济发展新常态，立足大局，把握规律；坚持使市场在资源配置中起决定性作用，更好发挥政府作用，坚决扫除经济发展的体制机制障碍；坚持适应我国经济发展主要矛盾变化完善宏观调控，相机抉择，开准药方，把推进供给侧结构性改革作为经济工作的主线；坚持问题导向部署经济发展新战略，对我国经济社会发展变革产生深远影响；坚持正确工作策略和方法，稳中求进，保持战略定力、坚持底线思维，一步一个脚印向前迈进。习近平新时代中国特色社会主义经济思想，是5年来推动我国经济发展实践的理论结晶，是中国特色社会主义政治经济学的最新成果，是党和国家十分宝贵的精神财富，必须长期坚持、不断丰富发展。

如今，中国特色社会主义进入了新时代，我国经济发展也进入了新时代，基本特征就是我国经济已由高速增长阶段转向高质量发展阶段。推动高质量发展，是保持经济持续健康发展的必然要求，是适应我国社会主要矛盾变化和全面建成小康社会、全面建设社会主义现代化强国的必然要求，是遵循经济规律发展的必然要求。推动高质量发展是当前和今后一个时期确定发展思路、制定经济政策、实施宏观调控的根本要求，必须加快形成推动高质量发展的指标体系、政策体系、标准体系、统计体系、绩效评价、政绩考核，创建和完善制度环境，推动我国经济在实现高质量发展上不断取得新进展。

2018年是贯彻党的十九大精神的开局之年，同时也是改革开放40周年，是决胜全面建成小康社会、实施“十三五”规划承上启下的关键一年。做好2018年的经济工作，要全面贯彻党的十九大精神，以习近平新时代中国特色社会主义思想为指导，加强党对经济工作的领导，坚持稳中求进的工作总基调，坚持新发展理念，紧扣我国社会主要矛盾的变化，按照高质量发展的要求，统筹推进“五位一体”总体布局和协调推进“四个全面”战略布局，坚持以供给侧结构性改革为主线，统筹推进稳增长、促改革、调结构、惠民生、防风险各项工作，大力推进改革开放，创新和完善宏观调控，推动质量变革、效率变革、动力变革，在打好防范化解重大风险、精准脱贫、污染防治的攻坚战方面取得扎实进展，引导和稳定预期，加强和改善民生，促进经济社会持续健康发展。

会议强调，稳中求进工作总基调是治国理政的重要原则，要长期坚持。“稳”和“进”是辩证统一的关系，要作为一个整体来进行把握，把握好工作节奏和力度。同时要统筹各项政策，加强政策协同。积极的财政政策取向不变，调整优化财政支出结构，确保对重点领域和项目的支持力度，压缩一般性支出，切实加强地方政府债务管理。稳健的货币政策要保持中性，管住货币供给总闸门，保持货币信贷和社会融资规模合理增长，保持人民币汇率在合理均衡水平上的基本稳定，促进多层次资本市场健康发展，更好为实体经济服务，守住不发生系统性金融风险的底线。结构性政策要发挥更大作用，强化实体经济吸引力和竞争力，优化存量资源配置，强化创新驱动，发挥好消费的基础性作用，促进有效投资尤其是民间投资合理增长。社会政策要注重解决突出民生问题，积极主动回应群众关心的问题，加强基本公共服务，加强基本民生保障，及时化解社会矛盾。改革开放要加大力度，在经济体制改革上步子再快一些，以完善产权制度和要素市场化配置为重点，推进基础性关键领域改革取得新的突破。扩大对外开放，大幅放宽市场准入，加快形成全面开放新格局。

会议还确定，要按照党的十九大的要求，在今后 3 年重点抓好决胜全面建成小康社会的防范化解重大风险、精准脱贫、污染防治这三大攻坚战。打好防范化解重大风险攻坚战，重点是防控金融风险，要服务于供给侧结构性改革这条主线，促进形成金融和实体经济、金融和房地产、金融体系内部的良性循环，做好重点领域风险防范和处置，坚决打击违法违规金融活动，加强薄弱环节监管制度建设。打好精准脱贫攻坚战，要保证现行标准下的脱贫质量，既不降低标准，也不吊高胃口，瞄准特定贫困群众精准帮扶，向深度贫困地区聚焦发力，激发贫困人口内生动力，加强考核监督。打好污染防治攻坚战，要使主要污染物排放总量大幅减少，生态环境质量总体改善，重点是打赢蓝天保卫战，调整产业结构，淘汰落后产能，调整能源结构，加大节能力度和考核，调整运输结构。

三、部署八项重点工作，推动经济高质量发展

中国特色社会主义进入新时代，在实践中形成了以新发展理念为主要内容的习近平新时代中国特色社会主义经济思想，此次中央经济工作会议的指导思想和灵魂思想。我国经济发展进入了新时代，新时代的经济该如何发展、如何谋篇布局，指导思想非常关键，而习近平新时代中国特色社会主义经济思想，不仅提出了创新、协调、绿色、开放、共享的发展理念，还提出了中国经济进入新常态和新常态下应该推进供给侧结构性改革等一系列科学的理论和判断，这些都是构成新时代中国经济发展指导思想的重要依据。中央经济工作会议认为，中国特色社会主义进入了新时代，我国经济发展也进入了新时代，其基本特征就是我国经济已由高速增长阶段转向高质量发展阶段。为了推动我国经济高质量发展，中央经济工作会议指出要做好八项重点工作。

一是深化供给侧结构性改革。要推进中国制造向中国创造转变，中国速度向中国质量转变，制造大国向制造强国转变。深化要素市场化配置改革，重点在“破”“立”“降”上下功夫。大力破除无效供给，把处置“僵尸企业”作为重要抓手，推动化解过剩产能；大力培育新动能，强化科技创新，推动传统产业优化升级，培育一批具有创新能力的排头兵企业，积极推进军民融合深度发展；大力降低实体经济成本，降低制度性交易成本，继续清理涉企收费，加大对乱收费的查处和整治力度，深化电力、石油天然气、铁路等行业改革，降低用能、物流成本。

二是激发各类市场主体活力。要推动国有资本做强做优做大，完善国企国资改革方案，围绕管资本为主加快转变国有资产监管机构职能，改革国有资本授权经营体制。加强国有企业党的领导和党的建设，推动国有企业完善现代企业制度，健全公司法人治理结构。要支持民营企业发展，落实保护产权政策，依法甄别纠正社会反映强烈的产权纠纷案件。全面实施并不断完善市场准入负面清单制度，破除歧视性限制和各种隐性障碍，加快构建亲清新型政商关系。

三是实施乡村振兴战略。要科学制定乡村振兴战略规划。健全城乡融合发展体制机制，

清除阻碍要素下乡各种障碍。推进农业供给侧结构性改革，坚持质量兴农、绿色兴农，农业政策从增产导向转向提质导向。深化粮食收储制度改革，让收储价格更好地反映市场供求，扩大轮作休耕制度试点。

四是实施区域协调发展战略。要实现基本公共服务均等化，基础设施通达程度比较均衡，人民生活水平大体相当。京津冀协同发展要以疏解北京非首都功能为重点，保持合理的职业结构，高起点、高质量编制好雄安新区规划。推进长江经济带发展要以生态优先、绿色发展为引领。要围绕“一带一路”建设，创新对外投资方式，以投资带动贸易发展、产业发展。支持革命老区、民族地区、边疆地区、贫困地区改善生产生活条件。推进西部大开发，加快东北等老工业基地振兴，推动中部地区崛起，支持东部地区率先推动高质量发展。科学规划粤港澳大湾区建设。提高城市群质量，推进大中小城市网络化建设，增强对农业转移人口的吸引力和承载力，加快户籍制度改革落地步伐。引导特色小镇健康发展。

五是推动形成全面开放新格局。要在开放的范围和层次上进一步拓展，更要在开放的思想观念、结构布局、体制机制上进一步拓展。有序放宽市场准入，全面实行准入前国民待遇加负面清单管理模式，继续精简负面清单，抓紧完善外资相关法律，加强知识产权保护。促进贸易平衡，更加注重提升出口质量和附加值，积极扩大进口，下调部分产品进口关税。大力发展服务贸易。继续推进自由贸易试验区改革试点。有效引导支持对外投资。

六是提高保障和改善民生水平。要针对人民群众关心的问题精准施策，着力解决中小学生课外负担重、“择校热”、“大班额”等突出问题，解决好婴幼儿照护和儿童早期教育服务问题。注重解决结构性就业矛盾，解决好性别歧视、身份歧视问题。改革完善基本养老保险制度，加快实现养老保险全国统筹。继续解决好“看病难、看病贵”问题，鼓励社会资金进入养老、医疗等领域。着力解决网上虚假信息诈骗、倒卖个人信息等突出问题。做好民生工作，要突出问题导向，尽力而为、量力而行，找准突出问题及其症结所在，周密谋划、用心操作。

七是加快建立多主体供应、多渠道保障、租购并举的住房制度。要发展住房租赁市场特别是长期租赁，保护租赁利益相关方合法权益，支持专业化、机构化住房租赁企业发展。完善促进房地产市场平稳健康发展的长效机制，保持房地产市场调控政策连续性和稳定性，分清中央和地方事权，实行差别化调控。

八是加快推进生态文明建设。只有恢复绿水青山，才能使绿水青山变成金山银山。要实施好“十三五”规划确定的生态保护修复重大工程。启动大规模国土绿化行动，引导国企、民企、外企、集体、个人、社会组织等各方面资金投入，培育一批专门从事生态保护修复的专业化企业。深入实施“水十条”，全面实施“土十条”。加快生态文明体制改革，健全自然资源资产产权制度，研究建立市场化、多元化生态补偿机制，改革生态环境监管体制。

习近平新时代中国特色社会主义经济思想，不仅提出了创新、协调、绿色、开放、共享的发展理念，还提出了中国经济进入新常态和新常态下应该推进供给侧结构性改革等一系列科学的理论和判断，这些都是构成新时代中国经济发展指导思想的重要依据。我国进入工业化发展阶段后期后，更重要的是强调经济增长质量，而非经济增长速度。中国特色社会主义进入新时代后，我国经济发展也进入了新时代，其基本特征就是我国经济已由高速增长阶段转向高质量发展阶段。

那么如何理解我国经济已由高速增长阶段转向高质量发展阶段？我国一直在努力推进经济增长方式的转变，其核心要义就是经济高速增长要从集约、效率、动力等方面进行转变，归结起来就是高质量的发展阶段。从微观角度看，高质量反映在提高投入产出的效益方面，指的是整个经济效益的高质量；从经济结构的角度看，其高质量则体现在怎样调整经济结构才能实现可持续发展；而在发展动力上，真正的高质量发展的动力则是创新。

经济的高质量发展是一个极其复杂的系统工程，是整个经济体系更加健康、更有活力的标志，没有一个单一指标可以完全代表高质量发展。目前我国经济的新动能不断增强，比如在移动互联、共享经济方面，我国取得了全球相对比较领先的发展，促进了资源更有效的利用，这仅仅是高质量发展的表现。我们必须清楚地意识到，总体上我国经济发展的质量还不高，推动高质量的发展任重而道远。

中央经济工作会议指出，推动高质量发展是当前和今后一个时期确定发展思路、制定经济政策、实施宏观调控的根本要求，必须加快形成推动高质量发展的指标体系、政策体系、标准体系、统计体系、绩效评价、政绩考核，创建和完善制度环境，推动我国经济在实现高质量发展上不断取得新进展。

第二节　我国经济的发展前景

面对全面建成小康社会决胜阶段复杂的国内外形势，面对当前经济社会发展新趋势、新机遇、新矛盾和新挑战，以习近平同志为核心的党中央鲜明地提出了创新、协调、绿色、开放、共享的发展理念。新发展理念是针对我国经济发展进入新常态、世界经济复苏低迷形势提出的治本之策。新发展理念是针对当前我国发展面临的突出问题和挑战提出来的战略指引，具有战略性、纲领性、引领性，指明了当前和今后一个时期乃至更长时期我国的发展思路、发展方向、发展着力点，符合我国国情，顺应时代要求，在理论和实践上有新的突破，对破解发展难题、增强发展动力、厚植发展优势具有重大指导意义。

习近平总书记特别指出："新发展理念就是指挥棒、红绿灯。"要把思想和行动统一到新发展理念上来，崇尚创新、注重协调、倡导绿色、厚植开放、推进共享，努力提高统筹贯彻新发展理念的能力和水平，加快形成落实新发展理念的体制机制。对不适应、不适合甚至违背新发展理念的认识要立即调整，对不适应、不适合甚至违背新发展理念的行为要坚决纠正，对不适应、不适合甚至违背新发展理念的做法要彻底摒弃，切实在增强创新能力、推动发展平衡、改善生态环境、提高开放水平、促进共享发展上取得新突破。从五大发展理念中的创新、绿色、共享这三个方面来看的话，我国未来的经济发展是具有极其广阔的前景的。

一、创新发展及其影响

创新是十八届五中全会关于"十三五"规划提出的创新、协调、绿色、开放、共享五大发展理念之一，在五大发展理念中处于核心地位。习近平同志强调：世界经济长远发展的动力源自创新。创新是引领发展的第一动力。抓住了创新，就抓住了牵动经济社会发展全局的"牛鼻子"。树立创新发展理念，就必须把创新摆在国家发展全局的核心位置，不断推进理论创新、制度创新、科技创新、文化创新等各方面创新，让创新贯穿党和国家一切工作，让创新在全社会蔚然成风。

在2014年9月的夏季达沃斯论坛上，国务院总理李克强首次在公开场合发出了“大众创业、万众创新”的号召。2015年李克强总理在政府工作报告中又提出了“大众创业，万众创新”，政府工作报告中如此表述：“推动大众创业、万众创新，既可以扩大就业、增加居民收入，又有利于促进社会纵向流动和公平正义。”大众创业、万众创新，可以促使众人的奇思妙想变为现实，让人力资源转化为人力资本，更好地发挥我国人力资源雄厚的优势。采取包括“双创”在内的各种方式，允许和鼓励全社会勇于创造，大力解放和发展生产力，有助于社会最终实现共同富裕。当前，大众创业、万众创新的理念正日益深入人心。随着各地各部门认真贯彻落实，业界学界纷纷响应，各种新产业、新模式、新业态不断涌现，有效激发了社会活力，释放了巨大创造力，成为经济发展的一大亮点。一方面，“双创”有助于推动我国经济结构调整、打造发展新引擎、增强发展新动力、走创新驱动发展道路。要使经济实现健康持续发展，离不开大量的市场参与者、灵活高效的调节机制和竞争有序的市场格局。无论是大众创业，还是万众创新，都少不了一个“众”字。对于中国这样一个庞大经济体而言，如果只有少数市场主体参与，显然难以满足全国统一市场的需要。推进“双创”，既可以在最大范围内推动人财物等各种市场要素自由流动，也可以倒逼不合理的体制机制实现改革突破，最终提升整个经济的运行效率。另一方面，“双创”也是践行群众路线、满足群众过上更好生活愿望的必然要求。大众创业、万众创新参与者从无到有、从小到大，是人的创造性社会实践过程。马克思、恩格斯早就提出：“思想本身根本不能实现什么东西。思想要得到实现，就要有使用实践力量的人。”毛泽东同志也指出：“人民，只有人民，才是创造世界历史的动力。”采取包括“双创”在内的各种方式，允许和鼓励全社会勇于创造，大力解放和发展生产力，有助于社会最终实现共同富裕。

在当前的经济形势下，我国各个领域都得到了快速的发展，其中科技领域的发展最为显著。我国的科技创新研究也面临着许多重大的挑战，如研发资金不足、研究活动进展缓慢等，都会对我国科技创新产生不利影响。但当前的经济形势在对我国科技创新提出挑战的同时，也为我国科技创新带来了机遇，具体表现在以下几点：（1）我国政府为了稳定当前的经济形势变化，维持我国经济的可持续发展，出台了许多宏观调控政策，比如下调银行存款的利率，刺激消费，从而推动区域的经济发展；国家对节能环保、资源开发等领域加大了投资力度，有利于这些领域高新技术产业的科学技术得到进一步发展。（2）西方发达国家的经济发展速度明显放慢，而我国正值快速发展的阶段，急需要大量的高端科技人才作为发展的基础，所以国内许多大型高新技术企业开始从西方发达国家引进高端科技人才，为我国科技创新提供便利。（3）我国市场竞争越来越激烈，许多具有较强市场竞争力的企业就可以抓住这个机会进行整合，加强科技创新研究，扩大企业在市场当中的影响力。

二、绿色发展及其影响

生态环境没有替代品，用之不觉，失之难存。环境就是民生，青山就是美丽，蓝天也是幸福，绿水青山就是金山银山，保护环境就是保护生产力，改善环境就是发展生产力。坚持绿色发展，就是要坚持节约资源和保护环境的基本国策，像保护眼睛一样保护生态环境，像对待生命一样对待生态环境，推动形成绿色发展方式和生活方式，协同推进人民富裕、国家强盛、中国美丽。

我国以往以牺牲环境为代价的粗放型经济增长模式来换取经济的高速度发展，而随后产生的生态环境问题却也日益凸显。为了顺应民众对美好生活的新期待，党的十八大就已提出了“把生态文明建设放在突出地位”和“努力建设美丽中国”的执政新理念，在十九大报告正文中“生态”和“绿色”两词频频出现，这是在我国面临日益严重的生态环境问题的背景下提出的，需要我们在今后的工作中加以落实。

为此，我国提出了绿色发展理念，通过构建绿色文化、发展绿色技术、开发新能源等路径，走生态绿色发展之路，打造“美丽中国”。我们要建设的现代化是人与自然和谐共生的现代化，既要创造更多物质财富和精神财富以满足人民日益增长的美好生活需要，也要提供更多优质生态产品以满足人民日益增长的优美生态环境需要。而推进绿色发展，则必须加快建立绿色生产和消费的法律制度和政策导向，建立健全绿色低碳循环发展的经济体系。构建市场导向的绿色技术创新体系，发展绿色金融，壮大节能环保产业、清洁生产产业、清洁能源产业。推进能源生产和消费革命，构建清洁低碳、安全高效的能源体系。推进资源全面节约和循环利用，实施国家节水行动，降低能耗、物耗，实现生产系统和生活系统循环链接。倡导简约适度、绿色低碳的生活方式，反对奢侈浪费和不合理消费，开展创建节约型机关、绿色家庭、绿色学校、绿色社区和绿色出行等行动。

我国进行生态文明建设的最终目标是建成“美丽中国”，而绿色发展则是建设生态文明的重要手段，绿色发展促使我国经济持续、健康发展，从而形成绿色经济。我国提出绿色发展理念，建设生态文明，正是对以往粗放型发展模式的反思，并确定了我国未来的发展方向。在经济发展上，我国尚未实现从传统粗放型增长方式向绿色增长的转变。经济绿色增长是一种高效能、低污染的生态平衡发展方式，是绿色发展的核心。尽管目前我国已经在尝试走绿色低碳发展道路，但作为世界制造业大国，我国目前的经济发展仍然较大程度地依赖于大量的资源消耗型能源，我国单位 GDP 的碳排放量和单位 GDP 的能源消耗仍然远高于一些发达国家。要想实现绿色发展，绿色技术与绿色能源便是均衡经济发展与生态保护的关键，也是我国建设绿色循环经济和发展绿色环保产业的重要保障，这也对我国的绿色技术发展以及新能源开发提出了更高要求。除了政策上的优惠或补贴措施外，还应鼓励企业积极进行产业升级，快速实现绿色技术的现实应用，促进绿色经济发展。同时应积极调整现有的能源结构，加大新能源在资源中的占比，因为新能源具有绿色环保的优势，是我国经济社会走向可持续发展道路的重要支撑。

各国对可持续发展道路极为重视，我国也通过出台一系列的战略规划和相关政策，引导绿色经济发展。绿色经济概念的提出从社会发展的宏观层面，指明了构建绿色生态文明的方向。从经济模式、政策规划、发展实践等方面，实现了对经济与环境协调发展的全面布局，体现出可持续发展的巨大优势。早在 2007 年，我国政府就将绿色经济纳入了国家发展方案，体现了对推动经济社会和谐发展的重视。2016 年 3 月，《国民经济和社会发展第十三个五年规划纲要》中，把“绿色”理念与创新、协调、开放、共享一起作为全面建成小康社会的指导思想。而从 20 世纪 70 年代起，我国便已开始了以宪法为基础、以国际公约为参考的绿色经济法规建设之路。党的十六届三中全会提出了“统筹人与自然和谐发展”，“十三五”规划纲要、《工业绿色发展规划（2016—2020 年）》等方案均在夯实我国绿色经济的发展路径。而我国的绿色经济实践其实更早于其概念，近年来我国在绿色产业、绿色金融、绿色经济评价、绿色经济试点等方面进行了积极的探索。

从社会经济发展全局来看，我国经济必须从传统粗放型增长模式进行发展转型，然而由于发展模式的惯性思维，也决定了经济转型面临巨大阻力。那些高消耗、高污染、高排放行业，例如钢铁、化工等，则是升级绿色经济的客观基础，因为要想顺利推进我国的工业化、城镇化，还无法离开传统产业的支持，如果要实现转型，必须面临技术的升级改造。但也正是由于资源能源的使用成本和废弃物排放成本过低，传统生产型企业对于节能减排的动力不强，大大抑制了绿色转型的需求。发展绿色经济是全面深化改革、推动生态文明建设的必经之路。现阶段，资源能源浪费、生态环境污染问题依然严重，传统粗放式经济发展模式依然不能完全舍弃。我国已经意识到绿色经济的重要性，从国家战略到具体政策制定等方面出台了一系列文件来指导绿色经济的发展。但不可忽视的是，受长期粗放发展的影响，中国在经济转型过程中仍面临一些问题。如何推动更多的城市和地区成功实现绿色经济转型，将是未来值得持续研究的主题。

三、共享发展及其影响

共享是中国特色社会主义的本质要求。坚持共享发展，就是要着力践行以人民为中心的发展思想。共享理念实质就是坚持以人民为中心的发展思想，体现的是逐步实现共同富裕的要求。落实共享发展理念，在工作措施上要着力抓好两个方面的工作。一是充分调动人民群众的积极性、主动性、创造性，举全民之力推进中国特色社会主义事业，不断把“蛋糕”做大。二是把不断做大的“蛋糕”分好，让社会主义制度的优越性得到更充分的体现，让人民群众有更多获得感。

20 世纪中后期，随着人类社会的不断发展和进步，尤其是互联网技术的快速普及，一种新型经济模式在美国等西方发达国家强势崛起。这种新型经济模式就是通常所说的“共享经济”（Sharing Economy）。“共享经济”也称分享经济，是指依靠日渐完善和成熟的互联网、物联网等信息技术，整合分散化的商品或者服务，将其在最优供需方之间进行合理配置和流转，以实现资源共享、物尽其用、各取所需。

在我国，近年来共享经济也开始取得一定发展，成为助推我国经济结构转型升级的一支重要力量，其价值和功能开始越来越受到政府的重视。在 2017 年政府工作报告中，李克强总理就指出：“支持和引导分享经济发展，提高社会资源利用效率，便利人民群众生活。”共享经济的高速发展必将会成为我国经济未来发展的一种新趋势、新动力。党的十九大报告也提出：“在中高端消费、创新引领、绿色低碳、共享经济、现代供应链、人力资本服务等领域培育新增长点、形成新动能。”在 2015 年 12 月 16 日召开的第二届世界互联网大会上，习近平主席发表主旨演讲，指出“中国正在实施‘互联网+’行动计划，推进‘数字中国’建设，发展分享经济，支持基于互联网的各类创新，提高发展质量和效益”。2017 年 7 月 3 日，国家发展和改革委员会等 8 部门联合印发《关于促进分享经济发展的指导性意见》，对共享经济的发展有了更加具体的指导意见，为共享经济市场的未来发展保驾护航。现在“共享经济”又被写入党的十九大报告，将共享经济明确列为6个新增长点之一，并要求其“形成新动能”，这是中央顺应消费新趋势提出的重要发展目标，是对共享经济发展的重大利好，而我国共享经济也将迎来更大的发展。

据国家信息中心《中国共享经济发展年度报告（2018）》显示，2017年我国共享经济市场交易额约为49205亿元，比上年增长47.2%，其中，非金融共享领域交易额为20941亿元，比上年增长66.8%。2017年我国共享经济平台企业员工数约716万人，比上年增加131万人，占当年城镇新增就业人数的9.7%，意味着城镇每100个新增就业人员中，就有约10人是共享经济企业新雇用员工。2017年我国参与共享经济活动的人数超过7亿人，比上年增加1亿人左右，参与提供服务者人数约为7000万人，比上年增加1000万人。2017年我国共享经济融资规模约2160亿元，比上年增长25.7%。交通出行、生活服务和知识技能领域融资规模位居前三，分别为1072亿元、512亿元和266亿元，同比分别增长53.2%、57.5%和33.8%。从以上数字不难看出，我国共享经济正继续保持高速增长，结构继续改善。共享经济拉动就业成效显著，有力地促进了包容性增长。而共享经济在解决产能过剩行业工人再就业以及贫困地区劳动力就业等方面的作用也开始显现，对去产能和脱贫攻坚起到积极推动作用。中国也已成为全球共享经济创新者和引领者，共享经济是创新发展的结果，也是创新发展的动力源泉，正在改变全球生产方式、生活方式和思考方式。中国共享经济发展时间虽然不长，但在市场规模、创新应用、国际影响力以及制度创新探索等方面都已走在了世界前列。但随之而来的法律法规不适应、公共数据获取难、统计监测体系亟待建立等共性问题也引人深思，2017年用户权益保护难题进一步凸显，新业态发展与传统的属地管理、城市管理以及理论研究滞后间的矛盾更加突出，以上问题也说明共享经济发展仍然面临诸多挑战。

预计未来五年，我国共享经济有望保持年均30%以上的高速增长。而随着共享产品和服务的领域越来越广，平台企业间的竞争将日趋激烈，行业并购越来越多，精细化运营成为企业竞争焦点，政策导向更加注重共享经济整体发展质量的提升，共享经济也将从起步期向成长期进行转型。在积极鼓励共享经济发展的同时，针对实践中出现的突出问题，尤其是直接影响群众切身利益的问题，量身定做监管制度成为大势所趋，与此同时，多方参与的协同治理体系建设也将加速推进。共享经济的治理需要全球共同努力，全球互联网治理体系变革进入关键时期，构建网络空间命运共同体日益成为国际社会的广泛共识。共享经济全球化步伐加快，面对不同国家、不同文化、不同规章制度的巨大差异，全球化协同治理需求也将明显增强。

党的十九大报告确定了共享经济在未来经济发展中的重要地位，共享经济适应新时期经济发展需要，适应我国经济社会发展现实，有利于提高资源配置效率，更好地贯彻新发展理念，是解决新时代主要矛盾的重要求解手段之一，能够有效满足“人民日益增长的美好生活需要”，还能有效化解不平衡不充分发展的矛盾，创造大量灵活就业机会，将推动就业方式的改变，使得分配机制更公平。但共享经济作为一种经济模式离不开政府的宏观调控，只有在政府的正确引导下，共享经济才能更好地规范发展。

2018年4月17日，国家统计局公布了2018年一季度宏观经济数据，一系列权威数据勾画出今年中国经济发展的新气象。统计显示，一季度我国新登记企业达到了132.3万户，日均新登记企业1.47万户，新的市场主体在大量增加。大众创业、万众创新蓬勃发展，激发了市场活力和社会创造力。同期，新产业、新业态、新模式蓬勃发展。一季度，工业领域的战略性新兴产业的增加值增速是同比增长 9.6%，快于整体工业增速 2.8 个百分点。习近平总书记也曾指出：“我国发展仍处于重要战略机遇期，我们要增强信心，从当前我国经济发展的阶段性特征出发，适应新常态，保持战略上的平常心态。”在全球经济深度调整和我国发展进入新常态的大背景下，中国经济砥砺前行，积极因素和新兴力量正在积聚，这就要求我们要科学把握形势，既分析客观因素，又要找主观原因，既对长期向好充满信心，也要做好应对更大困难和挑战的准备。只有这样，我国经济的发展才能在持续向好的道路上越走越远。

第六章 坚持“一国两制”，推进祖国统一

第一节 “和平统一、一国两制”基本方针的形成和内涵

一、“和平统一、一国两制”基本方针的由来和形成

早在20世纪50年代，中国政府就曾设想以和平方式解决台湾问题。1955年5月，周恩来总理在全国人民代表大会常务委员会会议上提出：中国人民解决台湾问题有两种可能的方式，即战争的方式和和平的方式，中国人民愿意在可能的条件下，争取用和平的方式解决问题。1956年4月，毛泽东主席又提出：“和为贵”“爱国一家”“爱国不分先后”等政策主张。但由于某些外国势力的干预，这些主张未能付诸实践。

20世纪70年代末，国内国际形势发生了深刻变化，为确立和平解决台湾问题的方针创造了新的有利条件。1978年12月，中国共产党十一届三中全会决定将党和国家工作的重心转移到经济建设上来，全会公报首次以“台湾回到祖国怀抱，实现统一大业”来代替“解放台湾”的提法。三中全会刚结束，1979年元旦，全国人大常委会发表《告台湾同胞书》，郑重宣布关于台湾回归祖国、实现国家统一的大政方针，其要点有：（1）强调在解决统一问题时，一定要考虑台湾的现实情况，“尊重台湾现状和台湾各界人士的意见，采取合情合理的政策和办法，不使台湾人民蒙受损失”。（2）提出“我们寄希望于一千七百万台湾人民，也寄希望于台湾当局”，并肯定“台湾当局一贯坚持一个中国的立场，反对台湾独立。这就是我们共同的立场，合作的基础。”（3）提出“双方尽快实现通航通邮”，“发展贸易，互通有无，进行经济交流”。1978年12月，中美决定自1979年1月1日起建立外交关系。美国承认中华人民共和国政府是中国的唯一合法政府，并承认中国的立场，即只有一个中国，台湾是中国的一部分。在此背景下，以邓小平同志为核心的第二代中央领导集体从国家和民族的根本利益出发，在毛泽东、周恩来关于争取和平解放台湾思想的基础上，确立了和平统一祖国的大政方针。邓小平的这一思想后来逐步发展为完整的“一国两制”科学构想。

1981年9月30日，叶剑英对新华社记者发表谈话，进一步阐述了台湾回归祖国、实现和平统一的九条方针政策。其要点是：（1）建议举行中国共产党和中国国民党两党对等谈判，实行第三次合作，共同完成祖国统一大业。（2）建议双方共同为“通邮、通商、通航、探亲、旅游以及开展学术、文化、体育交流”提供方便，达成有关协议。（3）提出国家统一后，“台湾可作为特别行政区，享有高度的自治权，并可保留军队。中央政府不干预台湾地方事务”。（4）“台湾现行社会、经济制度不变，生活方式不变，同外国的经济、文化关系不变。私人财产、房屋、

土地、企业所有权、合法继承权和外国投资不受侵犯”。（5）“台湾当局和各界代表人士，可担任全国性政治机构的领导职务，参与国家管理”。……

“叶九条”是中国共产党和中国政府在新时期对台方针政策的进一步深化与发展。1982年1月11日，邓小平在一次谈话中说：“九条方针是以叶副主席名义提出来的，实际上是一个国家，两种制度。”这是邓小平首次提出“一个国家，两种制度”的概念。1982年12月，全国人大五届五次会议通过《中华人民共和国宪法》，其中第三十一条规定：“国家在必要时得设立特别行政区。在特别行政区内实行的制度按照具体情况由全国人民代表大会以法律规定。”这一条所载明的“设立特别行政区”，指的就是实行“一国两制”。这就表明，“一国两制”已载入中国的根本大法，实行“一国两制”有了宪法的保证。

1983年6月26日，邓小平在会见美籍华人学者时，进一步阐述了实现台湾和祖国大陆和平统一的构想（后来被称为“邓六条”）。其要点是：（1）台湾问题的核心是祖国统一。和平统一已成为国共两党的共同语言。（2）坚持一个中国，制度可以不同，但在国际上代表中国的，只能是中华人民共和国。（3）不赞成台湾“完全自治”的提法，“完全自治”就是“两个中国”，而不是一个中国。自治不能没有限度，不能损害统一的国家利益。（4）祖国统一后，台湾特别行政区可以实行与大陆不同的制度，可以有其他省、市、自治区所没有而为自己所独有的某些权力。司法独立，终审权不须到北京。台湾还可以有自己的军队，只是不能构成对大陆的威胁。大陆不派人驻台，不仅军队不去，行政人员也不去。台湾的党、政、军等系统都由台湾自己来管。中央政府还要给台湾留出名额。（5）和平统一不是大陆把台湾吃掉，也不是台湾把大陆吃掉，所谓“三民主义统一中国”是不现实的。（6）实现统一的适当方式是举行国共两党平等会谈，实行第三次国共合作，不提中央与地方谈判，双方达成协议以后，可以正式宣布，但万万不可让外国插手，那只能意味着中国还未独立，后患无穷。

“邓六条”使“一国两制”的构想更加完备、充实，更加具体化、系统化。经过《告台湾同胞书》、“叶九条”“邓六条”，以及邓小平和中央领导人的其他一系列有关论述，特别是在解决香港问题、澳门问题过程中的实践，和平统一的大政方针和“一国两制”构想的内容大大丰富了，形成一种完整的有理论基础、有政策方针、有实践经验的科学体系。它既体现了实现祖国统一、维护国家主权的原则性，又充分考虑到台湾、香港、澳门的历史和现实，体现了高度的灵活性，是推进祖国和平统一大业的指导思想和最佳方案。在此基础上，中国共产党和中国政府确立了“和平统一，一国两制”的基本方针和有关基本政策。

纵观中国共产党和中国政府对台方针的发展脉络可以看出，这一过程经历了从“解放台湾”到“和平统一、一国两制”的发展阶段。这一发展过程，反映了中国共产党和中国政府对于不断发展变化着的国内国际形势、包括海峡两岸关系状况的认识和把握，其中始终贯彻着一条一脉相承的主线，这就是坚持一个中国原则、一定要实现国家的完全统一，它体现了中国共产党人维护民族尊严、捍卫国家主权和领土完整的坚定信念。“一国两制”由来、形成的历史，就是中国共产党人为了实现祖国统一大业殚精竭虑、矢志不渝的历史。

二、“和平统一、一国两制”基本方针的基本内涵

“和平统一、一国两制”是中国共产党和中国政府实现祖国统一大业的基本方针，是一

个完整的体系，其基本内涵是：（1）一个中国原则。这是“和平统一、一国两制”方针的核心。世界上只有一个中国，中国的主权与领土完整不容分割，台湾、香港、澳门都是中国不可分割的组成部分，在国际上代表全中国的是中华人民共和国政府。（2）两制并存。祖国实现统一后，中国的主体部分实行社会主义制度，这是前提，同时允许台湾、香港、澳门保持原有的资本主义制度不变。两种制度长期共存，共同发展。（3）高度自治。祖国统一后，依法在台湾、香港、澳门设立特别行政区。特别行政区行使地方政府的权力，除在外交、国防、宣战、媾和方面服从中央外，享有高度的自治权，包括行政管理权、立法权、独立的司法权和终审权。台湾、香港、澳门现行的经济和社会制度、生活方式、与外国的经贸文化联系长期维持不变；可以实行单独的财政预算，中央政府不向特别行政区收税，不干预特别行政区的内部事务；全国人民代表大会、中国人民政治协商会议都有特别行政区的代表和委员，特别行政区的民众将以这种方式参与国家管理；台湾特别行政区还可以保留自己的军队。（4）坚持和平统一，但不承诺放弃使用武力。用和平方式实现统一，有利于祖国大陆的改革开放和现代化建设，有利于在实现祖国统一过程中以及统一后台湾、香港、澳门的长期繁荣稳定，也有利于维护亚太地区的和平与稳定。在尽最大努力争取实现和平统一的同时，绝不能承诺放弃使用武力。这不是针对台湾同胞的，而是针对外国势力干涉中国统一和台湾分裂势力搞“台湾独立”图谋的。一方面，这是涉及国家主权的问题。用什么方式解决台湾问题完全是中国的内政，中国政府有权决定采用自己认为必要的一切手段包括军事手段，解决台湾问题；另一方面，这是一种战略考虑。国际反华势力始终在阻挠和破坏中国的统一大业，台湾当局长期抗拒统一，岛内外的各种分裂势力始终图谋把台湾从中国分割出去，因此，“我们不能把自己的手脚捆起来。如果我们把自己的手脚捆起来，反而会妨碍和平的方式解决台湾问题，但是始终没有放弃非和平方式的可能性，我们不能作这样的承诺。如果台湾当局永远不同我们谈判，怎么办？难道我们能够放弃国家统一？”邓小平还说，对于不能排除使用武力，“我们要记住这一点，我们的下一代要记住这一点。这是一种战略考虑”。（5）解决台湾问题，寄希望于台湾人民。解决台湾问题，要同台湾当局打交道。但是台湾问题的解决，主要应团结台湾同胞一起为发展两岸关系、实现和平统一共同努力奋斗。要充分尊重台湾同胞的生活方式和当家作主的愿望，保护台湾同胞一切正当权益。（6）争取通过谈判实现统一。以和平的方式实现国家统一，关键在于通过谈判解决问题。香港、澳门问题是同英国、葡萄牙政府谈判解决的，和平解决台湾问题也需要通过谈判。邓小平提出以国民党为谈判对手，不提中央和地方谈判，主要考虑是：第一，国共两党有过两次合作，为中华民族做出贡献，现在国共两党可以通过第三次合作，和谈统一问题。第二，国共两党谈判可以避免“两个中国”“一国两府”。第三，在谈判过程中，国共两党地位是平等的，双方谁也不吃掉谁。以后根据台湾社会、政治发生变化的情况，中国共产党和中国政府及时提出两岸谈判，欢迎台湾各党派、团体有代表性的人士参加谈判。（7）在同台湾实现统一前，应积极促进两岸直接“三通”和各项交流，以增进两岸同胞的相互了解和感情，使两岸经济、文化关系更为密切，进而为实现和平统一创造条件。（8）坚决反对任何“台湾独立”的言行。“台独”势力的活动与国际反华力量的支持是分不开的，若是“台独”搞起来，台湾最终将沦为外国的附庸。如果出现“台湾独立”，中国政府和中国人民决不会坐视。（9）坚决反对外国势力插手和干涉台湾问题。解决台湾问题是中国的内政，任何国家无权干涉。台湾问题始终是中美关系稳定发展的关键问题，处理不好，甚至可能发展成为两国关系中爆炸性的问题。邓小平指出：“在台湾问题上，如果需要中美关系倒退的话，中国只能面对现实。”（10）集中力量搞好经济建设，是解决国际国内问题的基础，也是实现国家统一的基础。中国解决所有问题的关键靠自己的发展。解决台湾问题，实现祖国统一，归根到底还是要把自己的事情搞好。邓小平指出：“中国的形象如何还是要看大陆，中国的发展趋势和前途也在大陆，台湾跟大陆争正统，不自量力。我们相信，最终将靠‘一国两制’把我们国家统一起来。”

第二节　“一国两制”香港澳门模式的实践

1981 年，邓小平提出海峡两岸以“一国两制”实现国家的和平统一，虽然 30 多年过去了，由于海峡两岸长期对峙，关系错综复杂，两岸统一至今未能实现。然而，“一国两制”构想却在香港和澳门回归的过程中成功地付诸实施，并且在回归之后的实践中得到充分发展，形成“一国两制”的香港与澳门模式。港澳模式依据香港和澳门两地的历史特点与现实状况，在中国恢复行使主权的同时，保持了两地的繁荣稳定，为未来的发展开辟了道路，赢得了国际社会的赞许，也为台湾问题的解决积累了宝贵的经验。

一、香港澳门问题的起源

英国在 1840 年之后的半个多世纪中，通过三个不平等条约逐步夺占香港地区：鸦片战争后，据 1842 年中英《南京条约》割占香港岛；在第二次鸦片战争后，据 1860 年中英《北京条约》割占九龙南端；1898 年，英国再逼迫清政府签订《展拓香港界址专条》，租借九龙半岛界限街以北、深圳河以南的地方及附近二百多个离岛，为期 99 年。

1553 年，葡萄牙殖民者通过收买明朝广东地方官，借口晾晒货物而取得在澳门的居住权。葡萄牙殖民者于 16 世纪进入中国时，正值其执掌世界海上霸权的强盛时代。当时明朝的强盛时期虽已过去，但国势依然不弱。葡萄牙殖民者几次武力侵华均遭失败，最后变换招数，以行贿欺骗的方式侵占了澳门。他们承认明朝朝廷对澳门的主权和行政管理，搞所谓的“自治”，每年向中国交纳租银。1840 年，英国通过鸦片战争夺取香港。葡萄牙殖民者不免有些眼红，于是也向中国清政府提出，停交一切赋税，割让澳门给葡萄牙。1887 年，葡萄牙与清政府签署了第一个不平等的《中葡和好通商条约》，取得澳门的“永驻管理权”，从此免去了清政府在澳门的命官和税赋，但是条约并没有割让澳门。

二、“一国两制”的香港澳门模式

在中英谈判因为主权分歧陷入僵局时，中国政府就开始按照既定方针，以“一国两制”构想为指导，进行调查研究，广泛征求香港各界人士意见，制定了回归之后治理香港的基本方针共计 12 条，准备在第二阶段谈判开始时，作为谈判基础提交英方，或者在不得已时单方予以公布。后来谈判取得了进展，这12条就成为中英联合声明关于未来在香港实行“一国两制”的基本框架。

1984年中英《关于香港问题的联合声明》中，中国政府阐明了对香港的基本方针，共12条。这就是“一国两制”香港模式的基本内容，其要点是：（1）1997年7月1日将设直辖于中华人民共和国中央人民政府的香港特别行政区，外交和国防事务属于中央人民政府管理。这就规定了香港地区的地方性和特区政府的地方政府性质，体现了“一国”即香港归属中华人民共和国、香港主权属于中国的原则。（2）除外交和国防事务属于中央人民政府管理外，香港特别行政区享有高度的自治权，包括行政管理权、立法权、独立的司法权和终审权，现行的法律基本不变。此外，香港特别行政区的社会治安由香港特区政府负责维持。这里规定了中央与香港特区的政治法律权力划分原则，体现了香港享有的“高度自治”。（3）香港特别行政区区政府由当地人组成，行政长官在当地通过选举或者协商产生，由中央人民政府任命。这里规定了在特别行政区实行“港人治港”的原则。（4）香港现行的社会制度、经济制度不变，生活方式不变。香港特别行政区保持自由港、独立关税地区、国际金融中心地位。保持财政独立。这些规定体现了香港经济社会制度的“高度自治”。（5）香港特别行政区可以以“中国香港”的名义单独同各国、各地区以及有关国际组织保持和发展经济、文化关系。英国和其他国家在香港的经济利益将得到保护。这是香港特别行政区在“一国两制”框架下的对外关系原则。（6）以上政策50年不变。这里规定了实行“一国两制”政策的最低时间限度。1997年7月1日，香港顺利回归，“一国两制”在香港实施。

澳门回归参照香港的经验，考虑了澳门特点。1993年，《澳门特别行政区基本法》颁布，1999年澳门顺利回归，这给未来大陆与台湾实现和平统一提供了重要的启发。

第三节　台湾问题的由来与“一国两制”台湾模式探索

一、台湾问题的历史由来①

台湾自古以来就是中国领土。第二次世界大战结束后，台湾不仅在法律上而且在事实上已经归回中国。1945年抗日战争胜利后，中国人民迫切要求建设一个独立统一、繁荣富裕的新中国，为此，中国共产党在全国范围内致力争取和平与民主，得到了全国人民的热情支持。国民党当局迫于形势，不得不与中国共产党举行重庆谈判、政治协商和停战谈判。但是，以蒋介石为首的国民党集团依仗美国的扶持，置全国人民的愿望于不顾，撕毁国共两党签订的《双十协定》、政协协议和一切停战协议，悍然发动了全国规模的反共反人民内战，亟待休养生息的中国人民，再次陷入全面的内战之中。

面对国民党来势凶猛的军事进攻，中国共产党领导中国人民解放军和全国人民进行了解放战争，在规模空前的辽沈、平津、淮海三大战役中取得了决定性胜利，国民党的失败此时

①《台湾问题的由来》，中国统一战线新闻网，2014-05-04。

已成定局。随着战局的发展，处于危局中的蒋介石确定把国民党的最后落脚点放在台湾，并于1949年1月开始对台湾进行苦心经营。4月20日，人民解放军发起渡江战役。10月1日，中华人民共和国中央人民政府宣告成立。12月7日、11日，国民党“政府”和国民党中央党部先后迁至台北。从此，台湾再次陷入与祖国大陆的分离状态之中。

台湾问题的产生及迟迟得不到解决，美国负有不可推卸的责任。抗日战争胜利后，美国出钱出枪支持蒋介石打内战，直接扮演了台湾问题制造者的角色。中华人民共和国成立后，美国政府出于反共反华立场和推行亚太地区战略的需要，对新中国采取孤立、遏制的政策，从政治上、军事上、经济上扶植台湾当局，武力干涉中国人民解放台湾、完成统一祖国大业。

二、“和平统一、一国两制”是解决台湾问题的基本方针①

2014年9月26日，中共中央总书记习近平在北京人民大会堂会见台湾和平统一团体联合参访团，并指出，“当前两岸关系虽然面临一些新情况新问题，但和平发展的大趋势没有改变”，“两岸同胞应该坚定信心、携手努力，继续推动两岸关系和平发展，共同开创中华民族伟大复兴的光明前景”，“国家统一是中华民族走向伟大复兴的历史必然，实现中华民族伟大复兴是近代以来中华民族最伟大的梦想”，“中华民族在探寻民族复兴强盛之道的过程中饱经苦难沧桑”，“‘统则强、分必乱’，这是一条历史规律，中华民族伟大复兴与两岸同胞前途命运紧密相连”，“台湾的前途系于国家统一，台湾同胞的福祉离不开中华民族的强盛”，“在涉及国家统一和中华民族长远发展的重大问题上，我们旗帜鲜明、立场坚定，不会有任何妥协和动摇”，“1949年以来，两岸虽然尚未统一，但大陆和台湾同属一个中国的事实从未改变，也不可能改变”，“两岸复归统一，是结束政治对立，不是领土和主权再造”，“‘和平统一、一国两制’是解决台湾问题的基本方针，也是实现国家统一的最佳方式”，“我们将以最大诚意、尽最大努力争取和平统一的前景，因为以和平的方式实现统一最符合包括台湾同胞在内的中华民族的整体利益”，“‘一国两制’在台湾的具体实现形式会充分考虑台湾现实情况，充分吸收两岸各界意见和建议，充分照顾到台湾同胞的利益”。

三、“一国两制”台湾模式在实践中的探索

“一国两制”是中央为处理香港、澳门、台湾问题所确立的基本国策，30多年来，在推进国家统一进程中发挥了积极而独特的作用。特别是1997年香港回归、1999年澳门回归后，“一国两制”成为香港、澳门保持繁荣稳定的制度保障。然而，“一国两制”所取得的举世公认的成就，却在台湾长期遭到“台独”势力的扭曲与恶意抹黑。台湾有些人把大陆对台政策看成是“统战工具”，把重视对台工作和对台交流看成是要达到“统战目的”。正是由于对“一国两制”存在错读和误解，部分台湾民众对两岸经贸人文的热络交流交往、对台商投资大陆

① 《“和平统一、一国两制”是解决台湾问题基本方针》，《人民日报》（海外版），2014-09-27。

等有偏见，对大陆大幅上升的综合实力和国际影响力也无法真实认知。这对两岸关系发展和祖国统一进程形成很大危害。尤其是民进党上台执政期间，“台独”势力挑衅“两岸同属一中”底线，削弱“一个中国认同”的文化基础，在岛内威胁和打压“反独”和“促统”力量。只要社会上出现两岸交流的热潮、和平发展取得重大成果、社会各界欢迎大陆新出台的对台政策、大陆每取得一项重大成就台湾同胞欢呼时，“台独”势力就泼冷水、扣帽子，打棍子。特别是民进党当局否认“九二共识”，推行“隐性台独”，导致两岸关系紧张，协商中断，政治商谈变得遥遥无期。“一国两制”最重要的一点，就是表明两岸根本是一个国家。中共十九大后的今天，比以往任何一个时间更接近国家的完全统一。但台湾还有人幻想以美日作为“抗中”“拒统”的靠山，所以两岸有志之士应做好研究推广“一国两制”各项工作，积极快速争取台湾民心。①

2018 年 7 月 13 日，中共中央总书记习近平在会见中国国民党前主席连战率领的台湾各界人士参访团时发表重要讲话，在海峡两岸引起广泛反响。这是党的十九大后习近平总书记首次就两岸关系重大问题发表长篇讲话。习近平总书记从四个方面揭示了近 40 年来两岸关系发展的主流和大势，强调我们对两岸关系未来充满信心，因为推动两岸关系和平发展、携手致力民族复兴，是符合民族整体利益、顺应时代潮流、造福两岸同胞、得到两岸同胞拥护的正确道路；因为不管经历多少风雨，两岸同胞在民族、文化认同和情感上从未分离；因为尽管数十年来两岸关系跌宕起伏，但总体趋势是向前发展的；因为两岸是密不可分、休戚与共的命运共同体。两岸同胞对更加美好生活的共同追求，对两岸关系走近走好的一致向往，是任何人都阻挡不了的。这些谈话指引两岸同胞看清大势，提振信心，团结前行。

中国具有五千年悠久历史。中华民族繁衍生息在中国这块土地上，各民族相互融合，具有强大的凝聚力，形成了崇尚统一、维护统一的价值观念。在漫长的历史过程中，中国虽然经历过改朝换代、政权更迭，出现过地方割据，遭遇过外敌入侵，特别是近代史上曾饱受外国列强的侵略和瓜分，但统一始终是中国历史发展的主流，每一次分裂之后都复归统一，并且都赢来了国家政治、经济、文化、科技的快速发展。台湾同胞具有光荣的爱国主义传统，在反抗外国侵略台湾的斗争中建立了卓越的功勋。中华人民共和国成立后，中国人民倍加珍视得来不易的民族独立，坚决捍卫国家主权和领土完整，并为实现祖国的完全统一而努力奋斗。中国五千年的历史和文化深深地在中国人的心中根植了一种强烈的民族意识，这就是中国必须统一。

随着中国政府相继对香港、澳门恢复行使主权，全中国人民迫切期望早日解决台湾问题，实现国家的完全统一，不能允许台湾问题再无限期地拖下去了。我们坚信，在包括两岸同胞和海外侨胞在内的全中国人民的共同努力下，中国的完全统一一定能够实现。②

① 《两岸暨港澳专家学者举行研讨会探索丰富“一国两制”的台湾模式》,《人民日报》(海外版),2017-12-11。

② 中华人民共和国国务院台湾事务办公室、国务院新闻办公室:《一个中国的原则与台湾问题》,2000-02-01。

第七章　中国外交局势与国际政治经济关系新格局

2017 年 10 月 18 日至 24 日，中国共产党第十九次全国代表大会在北京举行。习近平在报告中全面总结了过去五年全面推进中国特色大国外交政策取得的新成就，明确了新时代的中国特色大国外交要以推动建设相互尊重、公平正义、合作共赢的新型国际关系，推动构建人类命运共同体为使命。这是以习近平同志为核心的党中央积极推进中国特色大国外交理论和实践创新的重要行动，是中国坚定不移地走和平发展道路、积极参与全球治理的“中国方案”，是习近平新时代中国特色社会主义思想的重要内容。

第一节　中国外交局势

2017 年是 21 世纪以来国际关系发展进程中具有关键意义的一年。特朗普总统“美国优先”政策一石激起千层浪，触发国际经济与政治关系新一轮调整，美国及西方国家战略迷茫和保守内顾凸显。传统威胁时起时伏，非传统威胁持续蔓延，全球失序的恐惧充斥弥漫。世界经济复苏增强，新科技革命蓄势待发。中国特色社会主义进入新时代，“东升西降”“南进北退”深入发展。国际形势在大发展大变革大调整中保持总体稳定。中国国际问题研究院院长戚振宏认为 2017 年的中国外交“成绩斐然”，作为最大的发展中国家，中国成为不稳定世界的最大确定因素，为世界和平与发展做出了应有贡献。一是中国的全球发展与治理引领作用凸显。二是在捍卫国家主权安全、维护国内改革发展稳定和海外利益方面采取了新举措，取得了新成效。三是中国共产党 2017 年 10 月召开了具有划时代意义的第十九次全国代表大会，形成了习近平新时代中国特色社会主义外交思想与外交方略。“推动构建新型国际关系，推动构建人类命运共同体”为新时代中国特色大国外交指明了奋斗方向和目标。

一、中美关系长远发展和挑战前瞻[①]

2017 年是美国总统特朗普执政第一年，也是中共举行十九大、习近平同志连任中共中央总书记的特殊年份，中美两国都对双边关系保持稳定、健康发展有着强烈的意愿。一年来，

① 沈雅梅：《中美关系长远发展和挑战前瞻》，http://www.ciis.org.cn/chinese/2018-01/09/content_40136469.htm.

中美关系从两国元首在中国农历新年里的电话问候开始，克服了早期因台湾问题、经贸议题等引起的短暂碰撞和震荡，经海湖庄园会晤而迅速归位，随四个对话机制的启动而步入正轨，及至 11 月初特朗普访华时，两国达成广泛的战略共识和超级规模的经贸合作协议，可以说，这一年是中美关系以坚定的步伐迈入新时代的关键时期。

1. 中美关系长远发展的趋势性变化

塑造中美关系未来 50 年发展的一个逻辑起点是，中美在过去四十余年交往过程中，无论是双边关系还是各自在世界秩序中的位置都进入新的阶段。虽然当下特朗普政府可能会因其总统特性、政党政治及国内政治等诸多因素，呈现出与以往不同的政策偏好，但中美关系扎根于双方共同的历史选择，而历史塑造、激励并联结着中美关系的未来，为两国走向未来提供了重要参考和经验。一方面，美国的社会民情、海外利益及其所置身的国际环境等，这些仍然是支持美国与中国打交道的、相对稳定的基础。另一方面，从中方来看，中国打开同西方国家关系的大门，是从与美国恢复交往开始的，美国对中国的改革开放产生了深远的影响，当前仍然是影响中国和平发展国际环境的关键因素。

特朗普任职以来，中美经贸关系“再平衡”和外交解决朝鲜核问题这两大热点变得突出，并且有长期化趋势，但它们并非新问题，而是中美利益深度融合过程中存在的老问题，只不过遇到时代的冲击和挑战，显得相对突出，进入舆论中心，似乎遮盖了媒体对中美关系其他方面，例如台湾问题、南海问题等的关注，呈现出新旧热点的转换。所有这些问题共同反映出中美关系的一些深层、趋势性变化，揭示了中美关系长远发展的方向。

首先，强弱力量对比深刻演变，但中美力量平衡并未被打破。

当前，在全球范围，只有中美两国经济保持了持续增长的态势，而中国经济增长速度大于美国，与美国实力差距不断缩小，成为全球唯一对美国形成赶超势头的国家。换言之，如果没有中国速度，美国仍将是世界经济增长中遥遥领先、一枝独秀的力量。随着 2010 年中国超过日本成为世界第二大经济体，以及到 2014 年时，按购买力平价计算，中国经济规模超过美国成为世界第一大经济体，中美关系正在经历两国关系正常化以来最重要的结构性调整，这给美国国内造成较大冲击，引起建制派精英对美国历届政府所采取的对华接触政策不满，主张改行更加强硬的对华制衡政策。正如前白宫首席战略师班农在 2017 年 8 月离职前夕接受媒体采访时透露，对华示强可以成为他团结更多政客、凝聚更多共识从而巩固自身政治地位的话题。这预示中美关系的长远发展将保持竞争“底色”难以改变。

然而要看到，中国在一系列主要经济指标上仍与美国有较大差距，在经济发展水平、军事、科研、高新技术能力上落后甚多。根据世界银行数据，2016 年中美两国人均 GDP 分别为 8123 美元和 57467 美元，美国的人均 GDP 是中国的 7 倍多。除去实力差距，中国的全球外交经验并不充分，国家实力转化为国家权力的过程尚未完成，在处理重要国际事务、应对全球性挑战上都需要团结美国，结伴前行。中美需谨慎适应中美关系结构性调整，妥善化解各自承受以及对彼此造成的冲击和压力，避免对抗和冲突，构建总体稳定、均衡发展的中美关系。

其次，中美互动更加具有对称性。

在以美国为主导的现行国际体系中，美国始终带着强烈的优越感，频繁与其他国家的利益和心理发生冲突，甚至与盟国也龃龉不断。中美关系中同样存在一个以美国为中心的美方视角，显得似乎美国可以绝对主导中美关系。但实际上，中美互动局面同两国实力关系一样，正变得更具有对称性。从奥巴马政府到特朗普政府，中美对话已转入特定领域的具体事务，中国承受“软遏制”的压力有所减轻。相对于特朗普政府外交政策不确定和对华政策未定型，中国的战略主动性却在明确上升，在国际上提出倡议、塑造议题、话语表达、管理合作进程的能力日益增强，使中美关系体现出一种双向塑造性质。如果说特朗普要“经济平等”，中国则是要“政治平等”，但归根结底，这不是问对方要来的，而是各自赢来的。

最后，中美经贸利益格局正在重塑。

中国入世以来，美国对华贸易逆差持续扩大。据美国商务部统计，2016 年美国对华贸易逆差为 3470 亿美元，占美国全球逆差的 47%，而 2001 年这一比例约为 20%。特朗普政府将对华巨额贸易逆差作为中美经贸关系中亟待解决的首要议题，认为中美贸易失衡加剧了美国制造业衰落及就业岗位流失，并对中国的产业政策、投资与商业环境、市场开放度等表达了不满。然而要看到，中美经贸互补和持续增长的大局是稳定的，中美贸易和投资主要发生在企业之间及地方层面，两国省州级和工商界的经贸合作意愿强烈，合作态势良好。还要看到，中美经贸往来除商品贸易外，还有服务贸易和双向投资等其他重要领域。从 2006 年到 2015 年，美国对中国服务出口增幅超过 400%，中国目前已是美国第三大服务出口目的地。2016 年，中国企业在美国直接投资接近 460 亿美元，比上年增加了两倍，这也是有助于拉动美国就业、增加美国出口的。据美方统计，中美经贸关系直接或间接支持了 260 万个美国就业岗位。中美合作领域更加广泛，层次更加丰富，利益格局正在重塑。从这个意义上说，虽然部分鹰派人士在经贸议题上强硬对华的态度对中美关系发挥一定负面作用，但这并非中美经贸关系的决定性因素。

此外，中美在国际舆论场上的褒贬处境发生转换，但战略互疑一时难以完全消除。

前不久，皮尤中心以及益普索民调机构分别公布了对世界多国民众进行的调查，称各国对中美的整体好感度出现了逆转，美国逐渐失去在国际舞台上的正面形象，而对中国持正面看法的人正在数量上赶超。国际舆论中的一些对华积极评价固然与中国内修实力、外树形象有密切关系，但也要看到另一面，即西方一些意见领袖正在把称赞中国作为发泄对特朗普执政不满情绪的一种方式，褒奖中国是虚，打击特朗普是实，借此对西方世界敲警钟。例如，特朗普宣布退出气候变化巴黎协定后，美欧舆论高调称赞中国是人类气候行动新的领导者，流露出明显的褒北京、贬白宫情绪。这并不代表西方主流精英的对华认知发生实质性的积极变化，更非西方舆论在立场和感情上转向中国。实际上，金融危机以来，中国实施“一带一路”倡议、建立亚投行、大力支持《巴黎协定》等被西方媒体视为对全球治理体系中美国主导地位的挑战，“真空填补论”“权力交替论”“霸权共享论”等论调不绝于耳。中美作为全球综合国力排名第一、第二的大国，迫切需要向彼此并且向世界澄清战略意图，培育战略互信，化解战略互疑，避免误判或误判升级。

2. 中美关系长远发展的路径探索

美国始终是中国外交的重要对象，关系到中国和平发展的外部环境，是中国与世界良性互动的一个关键因素。两国需着眼长远，相互尊重，互利互惠，聚焦合作，管控分歧，最起码，让这个世界不再一分为二或者一边倒，而是推动东西方文明在相互借鉴、相互融合、相互砥砺中比肩前行。

一是坚定合作信心。中美关系发展至今，无论是双边经贸规模还是共同战略利益，已然“大到不能倒”，两国结成“一荣俱荣，一损俱损”的命运共同体，保持合作是历史使命。正因为如此，习主席在特朗普访华时向其指出，“对中美两国来说，合作是唯一正确的选择。”事实上，在中方积极引导之下，特朗普就职后在对华政策上学习曲线明显，中美关系迅速稳定下来，成为全年特朗普外交中为数不多的一个亮点。面对国际和地区安全形势，特别是棘手的朝核问题，中美明确表达通过合作解决重大问题的决心和信心，将有助于增强中美关系的可预期性，避免相关国家在中美之间选边站队，并回答世界对于和平的关切。保持合作，理应是中美的大国担当。

二是塑造平等对话的地位。随着中国同外部利益融合达到前所未有的规模和深度，中国需要与在国际秩序中占据最重要主导地位的美国加强互动，在双边关系及国际事务中主动谋取更大的发言权。特朗普执政以来，中方主动提出中美经济谈判“百日计划”，展现了对待中美关系议题不再被动接受，而是主动塑造的姿态；坦言做自由贸易的积极倡导者，对待中美分歧不是含糊其词，而是拿出了态度；大力推进全方位的高级别对话机制，把中美合作从经济维度向更广的综合维度扩展。从根本上说，中美之间不是敌人，但两国历史文化、政治传统、思维习惯和外交风格迥异，沟通缺位容易造成误解。中美都应以更具包容性的文明视角和更具远见的战略思维，超越历史传统、文化语言、意识形态、社会制度等障碍，在平等的交锋交流中实现共存和共同发展。

三是重申开放承诺。中美都是全球化进程中不可或缺的关键变量，两国在开放的世界经济中彼此有博弈，也有共同利益。美国本是现行国际秩序特别是全球经济治理体系的主要缔造者和受益者，但它面对世界经济转型之困，未能充分改革和调整自身，饱受经济失望和政治沮丧之苦，进而把矛头指向全球化，转向退避自保，同时却要求中国保持对外开放，向它提供更大的市场准入。中国从全球化现状和自身发展经验出发，坚持对外开放的基本国策，既是解除美方对于中美合作的顾虑，也是对世界贡献中国智慧和力量。

四是探索共赢之路。美国国内一些人把中美经贸关系当作零和交易，人为地割裂经贸利益得失，这从一个侧面体现了美国政治逻辑中惯有的二元对立、非友即敌、非合作即对抗等观念，它们已经越来越与全球平衡发展的步伐不合拍。实际上，中美经贸往来的本质是互利共赢。例如，美方想减少对华贸易逆差，中方想从美国进口更多高附加值产品，这二者之间是互补的，完全可以互利合作。随着中国加大力度从美国进口液化天然气、波音飞机以及牛肉、大米等农产品，双边贸易的平衡化发展已经取得可喜势头。根据美方最新数据，中国对美国的贸易顺差已经从 9 月份的 280.8 亿美元下降到 10 月份的 266.2 亿美元。经贸关系如此，两国关系也如此。中国和平发展的道路与美国息息相关，“使美国再次伟大”的道路也途径北京。中美利益格局变化意味着双方务必运用增量思维，做大共同的蛋糕，有取有予，做一定利益调整、切割和交换，实现共赢，这正是中美关系结构性调整的要义。

3. 中美关系长远发展的关键挑战

对于中美关系而言，一次高访难以化解诸多深层次难题，关键性的挑战仍然存在。中国发展站到一个新的历史方位，这为新时代中美关系的发展指明了努力方向。

第一，实现中国梦与美国梦的对接。自党的十八大以来，习近平提出作为中华民族价值体认和价值追求的中国梦理念，并希望把中国人对美好生活的憧憬传递给世界各国人民。可以说，中国梦的国际影响力在很大程度上源于中国政治制度的生命力和经济增长的活力，以及为世界经济复苏做出的巨大贡献。由于它毕竟打破了“华盛顿共识”的神话，客观上凸显了美国梦的失色，一些美国政客和选民出于政治偏见或误解，把本国的经济困难特别是分配制度不公这笔账算在中国头上，把中国梦视作对美国梦的挑战。例如，特朗普访华期间，中美企业共签署涉及 34 个合作项目、金额达 2535 亿美元的经贸合作协议，这本是两国企业从互利共赢出发取得的合作成果，一些美国媒体却迅速给出负面评价——“数字大，实质少，多数协议不具约束性”。中美需要找到连通中国梦与美国梦的渠道，例如在“一带一路”框架下开展合作，让事实说话，实现中美战略对接，打造共同发展。

第二，破除地缘政治博弈的惯性。中美关系每逢重大外交安排，美方必有私下的配套动作，这已成规律。特朗普 11 月初访华也不例外，出现了重提“印太战略”聚焦对华竞争以及邀请台湾方面蔡英文对美国“过境访问”等一系列干扰因素。这表明，美方仍有强大的地缘政治认知和行为惯性，在地区议程特别是政治和安全议题上，竞争的倾向强于合作。由于中美在地缘政治和安全议题上立场差距大，政策协调难度大，而两国做出任何重大决策和行动都会触动地区乃至国际格局，形成新的互动方式，确立新的规则，进而奠定各自在新秩序下的地位与作用，因此，中美在地缘政治层面呈现的胶着状态恐将持续相当长时间。这期间，两国进行相关政策评估和抉择都需极其审慎，避免被冷战思维绑架，应拿出正视现实的基本态度，为两国人民的根本利益负责，让中美关系往前走，和平本身就是中美关系发展能给世界带来的最大公益。

第三，在意识形态竞争中走向互鉴、融合。特朗普访华前夕，白宫幕僚长凯利在接受媒体采访时公开说，“中国不是美国敌人”，“中国政府的体制看来适用于中国人民”。这种相对客观、理性的观点已经越来越多地出现在美国舆论中。近年来，美、欧等受结构性问题困扰，经济发展失速，社会矛盾尖锐，民粹主义和分裂主义崛起，国家陷于内部纷争和分化。事实表明，西方民主并非解决问题、建构共识和培育政治共同体的天然美好制度；而中国政治和文化所包含的民主思想能否被世界所接纳，仍然要看中国能否跟上时代发展，在表达对本国本民族发展和利益关怀的同时，也体现出对世界和人类共同发展利益的、充分的人文关怀。从这个意义上说，只要意识形态之争不至于演化为像冷战时期美苏之间那种压倒一切的对抗性质，就可以避免那种毁灭性的“相互埋葬理想”，那么，中美在意识形态碰撞、交流中走向互鉴、融合就不失为探索未来国际秩序的一条可行道路。

总的来看，伴随中美之间利益深度交融，关系出现摩擦也在所难免。甚至可以说，两国之间对话、交流与合作的机会越多，暴露的分歧就会越多。而中美关系的长期发展轨迹表明，它始终在曲折和困难中前行，有时是在逆水行舟，但依然建立起双边关系的扎实基础。中美构建新型关系毕竟不同于历史上的大国兴衰轮替，中国需要加大对美国接触的主动性，从战略高度引导，从实际利益中夯实合作。归根结底，中美关系的长远发展将在相当程度上依靠两国的实践来界定，实践先行，成果检验，理论跟进。引领中美关系的长期稳定健康发展将是中国以自身发展惠及世界的一项重大举措。

二、牢记缔约初心，推动中日关系行稳致远[①]

众所周知，中日关系进入21世纪第二个十年后，走过了一段殊为曲折的弯路，彼此政治互信和现实利益严重受损，引起两国人民和国际社会普遍担忧。经过共同努力，中日双方于2014年11月达成四点原则共识，在中日四个政治文件确定的原则精神基础上，再次明确了双方妥善处理中日关系特别是历史、领土问题必须遵循的准则，为两国关系重新立了规矩，并开启了改善进程。2017年春季以来，以习近平主席在"一带一路"国际合作高峰论坛期间会见日本自民党干事长二阶俊博率领的日本与会代表团为契机，双方持续开展了一系列积极互动，两国关系改善势头明显增强。日本国内主张改善对华关系的呼声日益增多，日本政府对华政策也出现积极变化。

2018年是中日和平友好条约缔结40周年。中日两国地理相邻，经济互补，文化相通。正反两方面历史经验证明，中日坚持和平、友好、合作是双方唯一正确的选择，也是国际社会特别是亚洲国家的普遍期待。40年前，在中日两国老一代领导人的英明决断和各界有识之士的共同推动下，双方成功缔结和平友好条约，首次以法律形式明确了中日和平友好的大方向。这是足以彪炳中日2000年交往史的一大壮举，更是双方必须信守的政治约定。新形势下，中日和平友好条约对两国关系的指导意义愈加突显。中日在国情、制度等方面存在差异，两国关系在发展过程中也存在这样那样的矛盾和分歧，但只要双方能够牢记缔约初心和条约精神，恪守中日四个政治文件和四点原则共识，切实信守有关承诺，两国关系就一定能沿着正确轨道继续改善发展。

目前，中日各领域交流合作正在稳步恢复发展。2017年双边贸易额重返3000亿美元大关，人员往来首次突破1000万人次。伴随内外形势深刻演变，中日之间新的共同利益正在不断凝聚和增多。两国作为亚洲和世界重要国家，共同肩负着维护本地区乃至世界和平与发展的责任。双方应抓住机遇，加强各领域交流合作，不断深化利益交融，同时携手合作积极担负起引领亚洲繁荣振兴的历史重任。

第二节　国际政治经济关系新格局[②]

当今世界正处于大发展大变革大调整时期，2018年以来突出表现为：大国关系深入调整；随着朝韩、朝美领导人相继会晤，朝鲜半岛局势发生重要变化。与此同时，西方内部裂痕加深，在特朗普政府"美国第一"政策搅动下，贸易保护主义凸显，不确定性、不稳定性上升，国际关系正发生深刻、复杂变化。

---

①《牢记缔约初心，推动中日关系行稳致远：中国驻日本大使撰文呼吁进一步推动中日关系改善发展》，人民网，2018-05-07。

② 陈须隆、杨晨曦：《国际形势正在发生深刻变化》，《瞭望》，2018-07-21。

一、大国关系进入新一轮调整期

受美国牵动，国际关系回归大国政治与战略竞逐，大国关系深入调整。

美国明确以中俄为战略竞争对手，接连发布《国防战略》《国家安全战略》等报告，明确以大国竞争为“首要关切”，宣称中国和俄罗斯等“修正主义大国”是美国的“竞争对手”，释放出掀起大国竞争、加剧大国对抗的信号。

美俄关系转圜难。2018 年年初以来，美国加大对俄罗斯经济与战略施压力度：出笼新制裁；推动北约加强对俄军事部署、在德国举行冷战后欧洲地区最大规模“炮兵演习”、在欧洲建立“军事申根区”，将第四架 B-52H 战略轰炸机部署至欧洲等。对此，俄罗斯通过《应对美国及其他不友好国家行为法》，以“国情咨文”展示先进军备及对美强硬政策。

2018 年的 G7 峰会上，特朗普建议让俄罗斯重返“七国集团”，试图改善美俄关系，但遭到国内及盟国反对。7 月 16 日特朗普与普京在赫尔辛基举行的首次正式会晤，不仅在美国国内激起反对声浪，也让美国的北约朋友忐忑不安。另据报道，特朗普已指示就邀请普京秋季访美进行相关讨论。鉴于难以调和的战略矛盾与竞争、根深蒂固的国内反对力量以及无法回避的现实利益冲突与争夺等巨大障碍，美俄关系“重启”、转圜并不容易。

美与盟友矛盾显增。美国启动对欧洲、加拿大、墨西哥等国产品加征关税，宣布退出“伊核协议”，在世贸组织中阻挠推选上诉机构成员等行为，招致盟友反击。G7 峰会不欢而散，“非常 6+1”格局凸显。特朗普担任总统后，西方国家之间人权、民主等传统价值观纽带作用被弱化。特朗普多次批评欧洲盟国在军费开支上“不出力”、在贸易问题上“占美国便宜”，甚至批评德国因依赖俄罗斯能源供应而成了“俄罗斯的俘虏”。德、法领导人则提出欧洲应加强战略自主，经济上与美国“有限切割”、安全上减少对美国的依赖。欧洲理事会主席图斯克直言，特朗普对西方团结构成重大威胁。

面对特朗普政府处处“美国第一”，各国纷纷调整对美政策，大国关系进入新一轮调整期。与此同时也应看到，美国及西方国家在应对“战略竞争”方面仍有高度一致性和协同性。

二、地缘政治大变局推进区域整合

朝鲜半岛形势突现缓和，迎来历史性变局。朝韩首脑会晤并发表《板门店宣言》，朝鲜炸毁核试验场。特朗普和金正恩在新加坡实现历史性会晤，朝再次宣示弃核，双方称缔造和平机制。半岛核问题明显缓和，使东北亚呈现破局性变化。中国在其中发挥引领作用，受到各方肯定。

但由于美朝互信程度低，双方在“全面无核化”的内涵、实现步骤、期限等方面分歧很大。美国既要“一揽子”也要“一下子”，坚持在朝采取实际弃核步骤前继续极限施压，使朝难以承受。蓬佩奥今年 7 月访朝，美朝会谈并不顺利。可以预见，双方谈判将经历较长过程。

东北亚变局开启了地区合作新机遇。中朝领导人三度会晤，开创了中朝高层交往的新历史。中日关系渐暖，中日韩三方合作揭开新篇章。

美国搅动中东乱局，伊核问题再成焦点。美国挺以、联沙、压伊、防俄，升级军备部署，推进中东战略；俄罗斯拉伊、联土、挺叙，升级军备，力保中东局部战略优势。美国将驻以色列使馆迁至耶路撒冷，引发巴以大规模流血冲突，阿拉伯—伊斯兰民众反美情绪上升。美国宣布退出“伊核协议”并恢复对伊制裁，遭到各方反对。伊朗表态一旦美重启制裁迫使美欧企业终止与伊朗合作，伊朗将退出协议并迅速重启核计划、加快浓缩铀提取步伐。“伊核协议”一旦被撕毁，势必引发地区紧张。美国称要“将伊朗石油出口降至零”后，伊朗军方以考虑封锁霍尔木兹海峡作为回应。中国、俄罗斯、欧洲、伊朗等对此展开积极磋商，力保“伊核协议”和地区稳定。分析人士认为，“伊核协议”崩溃并不足以导致大规模军事冲突，难以将美国战略重心拉回中东。

美国推行所谓的“印太战略”，使地缘政治与经济竞争环境出现新变化。美国改太平洋司令部为印太司令部，强化了“自由而开放的印太”概念，通过落实美、日、印、澳四边安全对话机制，加强军事交流与防务合作，一步步巩固其在印太的军事存在和协调能力。美日商讨在印太地区加强基础设施建设合作，大力吸引东南亚、南亚国家。美国航母二战后首次访问了越南。日本与太平洋岛国举行峰会时，推销其印太战略，承诺“致力于建设高质量基础设施”。澳大利亚启动针对中国的大规模情报机制评估，增加对南太平洋岛国援助。2018 年 3 月，日越等推动签署了 11 国参与的“全面与进步的跨太平洋伙伴关系协定”（CPTPP）。

但也要看到，印度总理莫迪在 2018 年 6 月举行的香格里拉对话会上对“美、日、澳、印四国机制”较为冷淡，称中国是“关键伙伴”，强调印中贸易增长、两国在管控分歧和确保边境和平上展现出成熟和睿智，相信“印度和中国以互信求合作，亚洲和世界的未来将更加光明”。印方态度对美国“印太战略”的效能构成一定影响。

欧洲内忧外患不减，欲以改革力推一体化。随着英国脱欧过渡期安排协议草案达成，脱欧后英国与欧盟关系准则公布，以及《退出欧盟法案》通过，英国将于 2019 年 3 月 29 日正式退出欧盟。在欧洲，民粹浪潮涌动与政治极化加剧了内部分裂。欧盟内部对如何遴选下届欧委会主席矛盾日渐尖锐，在对待移民问题上分歧严重。德、法欲联合推动欧盟内部团结，拟推出欧盟改革计划。

亚非地区整合前行，上合组织影响力大增。博鳌亚洲论坛年会唱响了扩大开放和变革创新主旋律，致力推动构建亚洲命运共同体。上合峰会推动构建地区命运共同体，在地区反恐、经济合作等方面成果超出预期，国际影响力空前提升。澜湄合作第二次领导人会议召开掀开了澜湄合作新篇章。中国与东盟各国持续推动落实《南海各方行为宣言》，推进《南海行为准则》谈判，巩固了南海合作态势。中亚五国领导人 3 月举行近十年来的首次会晤，同意全方位扩大各国之间的合作。此外，非盟继续致力推动非盟改革和非洲一体化。

三、安全形势趋严峻、大国军事竞争加剧

全球核态势恶化。美国提升了核武器在国家安全战略中的作用，《核态势评估》报告要求研发新型核武器，允许美国扩大使用核武器范围，降低了动用核武器的门槛。美国声明，将投入几十亿美元恢复和扩大核能力。俄罗斯曝光一系列新型核武器，拟用“先锋”高超音速

导弹、“萨尔马特”洲际弹道导弹列装部队，研制核动力巡航导弹和航程超过一万公里、可携带1000万吨级核弹头的水下无人潜航器。法国总统马克龙称，将在任内更新法军核威慑力。核武器军备竞赛加剧，使得全球对核武器之忧达到冷战以来最高程度。

大国军事角力热化。特朗普要求“打造致命军队”，下令组建“太空军”，拟全面部署“收割者”无人机，将美军战略司令部旗下的“网络司令部”升级为独立联合作战司令部。俄罗斯苏-57战机、新型超高音速导弹和激光武器服役，并成功试验了用于北极防空的道尔-M2DT导弹系统。日本2018财年军费再创新高，达486.6亿美元，并决定部署F-35战机，引进美国“陆基宙斯盾系统”，拟将军舰“出云”号改造成“攻击型航母”，确定将人工智能引入自卫队信息通信网络防御系统。日本新版《海洋基本计划》计划将海洋政策重点从资源开发转向领域戒备、离岛防御等。

美俄等国军售升温。美拟定促进海外军售计划，命令驻外使节在推动美国武器出口方面发挥更大作用。美国批准了向日本出售约1.33亿美元的4套反导系统；拟扩大对印度军售；与沙特敲定125亿美元军售。俄罗斯加紧向中东、东南亚及南亚国家出售S-400防空导弹系统等先进军备。

反恐形势不容乐观。2018年以来，阿富汗、伊拉克、叙利亚、尼日利亚等地恐袭不断。欧洲加强反恐措施成效显现，但法国、比利时仍遭严重恐袭。此外，对网络反恐重视程度更高，英国、德国要求谷歌、脸书、推特等迅速删除极端暴恐信息，否则将课以重税。

面对不断深化发展的世界变局和日趋错综复杂的国际形势，我们应以正确的历史观、大局观、角色观，看世界，观大势，保持战略自信和战略定力，集中精力办好自己的事，确保中国发展航船行稳致远。

2018年国际形势变化令人眼花缭乱。2018年年初以来，朝鲜半岛局势出现重大缓和，伊朗核问题风云再起，英俄间谍事件持续发酵并升级，美英法突袭叙利亚，美国对华挑起贸易摩擦……不管国际形势如何风云变幻，中国将继续与国际社会一道为维护世界和平、推进共同发展砥砺前行，努力做世界和平的维护者、全球发展的贡献者和国际秩序的维护者，尤其要打好多边主义对单边主义、自由贸易对贸易保护主义的保卫战，为推动建立开放型世界经济做出积极贡献。

第八章　实现“一带一路”的新跨越

伴随着经济全球化和区域经济一体化的深入推进，生产要素在世界范围内更加快速流动和重组，国际产业在世界范围内重组的步伐日益加快。发达国家面对自身发展的瓶颈，纷纷提出“再工业化”战略，以发展高新技术产业为重点，积极抢占全球产业价值链的战略制高点；发展中国家虽不及发达国家的经济水平，但充分利用低成本优势，承接国际产业转移，对传统国际市场展开激烈竞争，传统国际分工模式深刻调整，新型国际分工模式初步耦合。在国内，经济发展呈现“新常态”，传统产业产能严重过剩，受到劳动力成本上升、原材料价格上涨、环境制约因素加大所形成的产业升级倒逼机制影响空前，我国产业转型升级在“新业态”下陷入发展窘境。

2013 年以来，习主席先后提出了“新丝绸之路经济带”和“21 世纪海上丝绸之路”战略构想，这项伟大的工程以全球视野，从沿线国家利益和世界和平发展的视角出发，旨在促进生产要素在世界范围内有序自由流动、提高资源配置效率、深化市场融合程度，推动沿线相关国家的经济政策协调发展。“一带一路”倡议的提出，为我国与沿线国家加强产业技术交流、创新产业合作方式、推动产业结构调整、提供产业合作平台、优化产能空间布局、形成高效合理的国际分工体系带来了千载难逢的机遇。

第一节　“一带一路”倡议的提出

一、“一带一路”的历史起源

2000 多年以前，亚欧大陆上的人民经过辛勤勇敢的探索，通过海运和陆运两种途径，开创了多条联系东西方文明的文化交流之路与经贸交往通道，后人将之统称为“丝绸之路”。长久以来，“和平合作、开放包容、互学互鉴、互利共赢”的丝路精神薪火相传，不仅推动了人类文明的融合与发展，而且繁荣了沿线各国的经贸交流，是亚欧非交流合作的象征，也是世界文明史上的瑰宝。按照交往方式和路径方向的不同，“丝绸之路”可以具体分为“陆上丝绸之路”和“海上丝绸之路”。

（一）陆上丝绸之路

公元前 139 年和公元前 119 年，汉武帝两次派遣张骞出使西域，获得了大量西域资料，堪称“凿空”。此后，西汉设立西域都护府管辖西域地区。此外，汉武帝还曾派人寻找一条通过身毒，从而避开匈奴直达大夏的线路，但并没有实现。公元 73 年，东汉班超出使西域，再次打通了自西汉末期已中断 58 年的丝绸之路。魏晋时期陆上丝绸之路已有西北和西南两条路线，隋朝时的张掖成为丝绸之路贸易的中心节点。唐朝时设立安西都护府，进一步加强了对丝绸之路沿线的维护。元朝版图横跨亚欧大陆，丝绸之路上的贸易也随之兴盛，《马可・波罗游记》对这一繁盛的景象也有记载。其后随着海权时代的到来，陆上丝绸之路逐渐衰落。

总体来看，陆上丝绸之路分为两支，一支是北方丝绸之路，分别以长安和洛阳为起点，跨过河西走廊和帕米尔高原前往中亚、西亚和地中海沿岸各国，最远抵达非洲和欧洲[①]，总长 7000 余公里，以丝绸、玉石、马匹为主要交易对象；另一支是南方丝绸之路，从云贵川出发，途径泰国、缅甸和越南等国，最终抵达印度，主要以茶叶和香料为主要交易对象，总长 2000 余公里。在海权时代到来之前，陆上丝绸之路一直都是东西方文明交流的主要载体。

（二）海上丝绸之路

海上丝绸之路形成于秦汉时期。据《汉书・地理志》记载，汉武帝刘彻平定南越后，遂遣使者分别从广西合浦和广东徐闻出发，远航至南海和印度洋，最远处已穿过孟加拉湾，到达印度半岛东南部的锡兰，即现在的斯里兰卡。海上丝绸之路在唐宋时期有了重大发展，尤其是中唐以后，陆上丝绸之路因为旷日持久的战争而日益衰落，华北地区经济因战乱而萎靡不振，华南地区经济日益繁盛，使得海上丝绸之路的发展重获新机，而宋代罗盘的发明又使得远洋航行如虎添翼，我国与西亚阿拉伯世界的交易日益兴旺，丝绸、瓷器、茶叶与香料成为海上丝绸之路中的主要商品，而泉州也成为当时世界上最大的贸易港。据《诸蕃志》和《岭外代答》记载，当时已有 58 个国家与中国通商；海上丝绸之路兴盛于元明两代，1405—1433 年间，明成祖朱棣派遣郑和率船队先后七次出使西洋，出使船队规模达 240 余艘船只、2.7 余万人，造访 30 余个国家，最远到达非洲东部，有效地促进了我国与东南亚、南亚、西亚以及非洲的联系，在世界航海史上留下了浓墨重彩的一笔[②]；明末清初，海上丝绸之路逐渐衰败，明朝后期因为私商贸易和倭寇之乱，开始实行禁海令，清朝初期，清政府为了断绝大陆与台湾郑成功的联系，更是 5 次下达“禁海令”、3 次颁布“迁海令”；乾隆后期，更是实行全面的闭关锁国政策，海上丝绸之路逐渐衰败。总体来看，古代海上丝绸之路可以分为前往朝鲜、日本的东洋航线；前往东南亚诸国的南洋航线；以及前往南亚、西亚、地中海沿岸的西洋航线。

二、“一带一路”倡议的正式形成

2013 年 9 月，国家主席习近平在哈萨克斯坦访问期间，前往纳扎尔巴耶夫大学进行演讲，首次提出了“丝绸之路经济带”这一设想；同年 10 月，习主席出访印度尼西亚，在国会演讲

① 张萍：《丝绸之路历史地理信息系统建设的构想及其价值与意义》，《陕西师范大学学报》（哲学社会科学版），2016（1）。

② 全毅、汪洁、刘婉婷：《21 世纪海上丝绸之路的战略构想与建设方略》，《国际贸易》，2014（8）。

中提出了"21 世纪海上丝绸之路"的设想。随着"一带一路"的正式提出，在国际社会上引起了强烈的反响，得到沿线 74 个国家的积极响应和世界其他地区国家的高度关注。

（一）"一带一路"倡议的线路规划

"一带一路"是东西方经贸和文化交流的重要通道，一端是充满活力的东亚经济圈，另一端是繁荣发达的欧洲经济圈，中间是发展潜力巨大的发展中国家和新兴国家。"一带一路"倡议在陆上依托传统国际大通道，以沿线中心城市为战略节点，打造新的亚欧大陆桥和国际经济合作走廊；在海上以沿线港口为支撑，建设安全高效顺畅的国际运输大通道（见表 8.1）。

表 8.1　"一带一路"倡议的线路规划

丝绸之路经济带	线路 1	中国→中亚→俄罗斯→欧洲（波罗的海）
	线路 2	中国→中亚→西亚→波斯湾→地中海
	线路 3	中国→东南亚→南亚→印度洋
21 世纪海上丝绸之路	线路 1	中国沿海港口→南海→印度洋→欧洲
	线路 2	中国沿海港口→南海→南太平洋

（二）"一带一路"沿线国家范围

据统计，"一带一路"沿线国家人口约为 44 亿，占全球总人口的 63%；沿线以发展中国家和新兴经济体为主，经济发展多处于上升期，经济总量达到 21 万亿美元，占全球总产出的 29%；沿线铁路总里程达到 8.1 万公里；货物和服务贸易额占全球的 23.9%。2017 年前 11 个月，我国企业在"一带一路"相关的 61 个国家新签对外承包工程合同额 1135.2 亿美元，占同期总额的 54.1%，同比增长 13.1%；2017 年前 11 个月，中国与"一带一路"相关国家贸易额达 9830 亿美元，同比增长 15.4%。

第二节　"一带一路"倡议的内涵

一、宗旨原则

"一带一路"倡议是在经济全球化、世界多极化、社会信息化、文化多样化的历史背景下提出的，旨在维护开放型世界经济和全球自由贸易体系，促进生产要素在世界范围内自由流动、提高资源配置效率、提升市场融合程度，探索新型全球治理模式。在亚欧非区域合作范围内，全面推进“一带一路”沿线各国间的政策协调和战略衔接，开展更高水平、更深层次、更大范围的区域合作，在开放、包容、均衡、普惠的区域合作框架内，加强区域各国间全方位、多层次的互联互通，促进沿线各国发展道路的自主性和多元性，实现健康、稳定、可持续发展。中国政府秉持和平合作、开放包容、互学互鉴、互利共赢的理念，全方位推进“一带一路”的务实合作，还致力深度挖掘区域内的市场潜力、促进消费与投资、创造就业与需求、增进各国间的文化交流，构建政治互信、经济融合、文化包容的命运共同体、利益共同体和责任共同体。

对外开放是中国长期以来的基本国策，在联合国宪章的宗旨和原则下，我国一以贯之地坚持尊重各国主权和领土完整、互不侵犯、互不干涉内政、平等互利、和平共处五项基本原则，构建了全方位的开放格局，取得了丰硕的成果。“一带一路”是一项系统性工程，覆盖面广、牵涉国家多、存在众多利益交织，必须坚持共商、共建、共享原则，推进区域各国间政策、战略、规划的相互衔接与配合。我国作为发起国，在承担重大责任、履行更多义务的同时，还必须坚持以下原则：

一是坚持开放合作。“一带一路”倡议的实施，必须坚持开放的姿态，吸引更多的国家和组织参与，让合作红利惠及更为广阔的区域与国家。

二是坚持和谐包容。“一带一路”沿线国家众多，发展阶段和模式各不相同、文化各异，唯有坚持求同存异、兼容并蓄，才能实现和谐发展与包容性增长。

三是坚持市场运作。按照国际通行准则和市场规律，充分发挥市场在资源配置中的决定性作用和各类企业的主体作用，同时发挥好政府的宏观调控作用。

四是坚持互利共赢。沿线各国合作需要求同存异，考虑各方利益与关切，寻找最佳利益契合点，各尽所能，各施所长，充分调动各方优势与潜力。

二、合作机制

世界范围内，经济全球化和区域经济一体化并行不悖。在此背景下，我国倡导的“一带一路”，并非完全意义上的破旧立新、另起炉灶，而是建立在既有的国际双边、多边、区域、次区域合作机制的基础之上，巧妙灵活地搭建战略合作伙伴关系网络，通过交流访问、合作研究、人员培训、论坛展会等多种形式，促进各方对“一带一路”的内涵外延、宗旨原则、目标任务、战略部署的理解与认同，不断充实合作内容与方式，携手制定时间表和路线图，加强各国政策、战略、规划的相互衔接，全面推进“一带一路”倡议的实施。

表 8.2　“一带一路”范围内既有的合作机制

类型	名称
区域合作组织	上海合作组织（SCO）；亚太经合组织（APEC）；亚信会议（CICA）；亚洲合作对话（ACD）；中国-海合会战略对话；亚欧会议（ASEM）；中国-东盟（10+1）
次区域合作组织	大湄公河次区域经济合作（GMS）；中亚区域经济合作（CAREC）；大图们江次区域经济合作

续表

类型	名称
自由贸易区 自由贸易协定国	中国-新加坡；中国-东盟自由贸易区（CAFTA）； 中国-新西兰；中国-巴基斯坦；中国-韩国；
论坛与展会	博鳌亚洲论坛；中国-东盟博览会；中国-阿拉伯博览会；欧亚经济论坛；中国-亚欧博览会；中国-俄罗斯博览会；前海合作论坛；中国-南亚博览会；中国西部国际博览会；中阿合作论坛；丝绸之路（敦煌）国际文化博览会；中国国际投资贸易洽谈会；丝绸之路国际电影节和图书展
经济走廊	中巴经济走廊；孟中印缅经济走廊；中国-中亚-西亚经济走廊；新亚欧大陆桥；中蒙俄经济走廊；中国-中南半岛经济走廊

除依托现有的区域与次区域合作组织、自由贸易区、经济走廊、论坛与展会外，全面推进“一带一路”还要充分发挥既有的联委会、协委会、混委会、管理委员会、指导委员会等双边机制的作用，开展多渠道、多层次的磋商交流，协调推动合作规划和备忘录的签署、研究探讨行动路线图、推进并落实一批示范性的双边合作项目。此外，鼓励沿线国家、地方、民间深入挖掘有关丝绸之路的历史文化遗产，共同举办专项贸易、投资、文化交流活动，并建立“一带一路”国际高峰论坛。

三、主要内容

“一带一路”沿线国家经济发展阶段各异、资源禀赋不同，具有广泛的合作空间和较大的合作潜力。《推动共建丝绸之路经济带和 21 世纪海上丝绸之路的愿景与行动》将政策、设施、贸易、资金、民心五个方面列为互联互通的主要合作内容。

（一）政策沟通

加强各国间的政策沟通与协调是“一带一路”建设的重要保障。“一带一路”覆盖范围广，涉及众多国家和地区间的利益，与相关国家既有的政策、战略、发展规划会存在一定的重叠，甚至是冲突。因此，有必要在政府间积极架构多层次的宏观政策沟通协调机制，加强政府间的交流合作，寻找利益契合点，促进政治互信，达成全新的合作共识。沿线国家还需要就各自的国家战略和发展规划进行全面的交流和有效的对接，求同存异，协商处理合作中存在的分歧和问题，协同制定推动区域合作的对策与措施，为进一步深化务实合作和推进项目的实施提供积极的政策支持。

（二）设施联通

加速各国间基础设施的互联互通是“一带一路”建设的优先领域。“要想富、先修路”这一经过中国改革开放四十年实践检验的道理，对“一带一路”沿线各国的发展同样具有重要的启示作用。当前迫切需要的基础设施建设包括公路铁路、港口码头、油气管道、光缆电网等。首先，要按照六大经济走廊的布局，在战略节点、关键通道、重点工程中，率先打通缺失路径，并不断完善交通管理设施和道路安全防护措施，全面提升道路的通达性和顺畅性；逐步建立协调一致的全程运输机制，加强国际通关、换装、混合联运的有机衔接，提升运输规则的兼容性和规范性，提高国际运输便利化程度；其次，要全面加强口岸基础设施建设，顺畅水陆联运通道，推进海上物流信息合作，增加海上航线与班次，建立并扩展民航全面合作机制与平台，加快航空港等基础设施建设；最后，要加强各国在油气管道的铺设和后期安全防护与运营维修方面的合作，推进跨境电网、光缆的建设与合作，加强电网升级改造、扩大电信信息交流与合作。此外，在基础设施互联互通的建设中，要充分考虑主权国家的利益和安全关切，加强技术合作与标准体系的对接，做好对气候变化和环境影响的评估，实施绿色低碳化的建设与运营管理。

（三）贸易畅通

提升沿线国家间的投资贸易便利化程度是“一带一路”建设的重要内容。在 WTO 的合作框架下，进一步加强沿线国家的监管互认、信息互换、执法互助，开展信息统计、检验检疫、标准计量、认证认可等方面的合作，提升边境口岸的通关能力、降低通关成本，推进检验检疫证书的国际核查与互认、进一步协调跨境监管程序、互认“经认证的经营者”（AEO），逐步降低传统关税壁垒，提高技术性贸易壁垒（TBT）的透明度，提升贸易便利化水平；在贸易合作方面，还应加快推进自由贸易区的谈判与建设，扩展贸易领域、创新贸易方式、优化贸易结构、健全服务贸易促进体系、挖掘新的贸易增长点，激发释放合作潜力，促进贸易平衡；在投资方面，扩展相互投资领域，签订双边投资保护协定，避免双重征税，消除投资壁垒，加快投资便利化进程，保护投资者的合法权益；在产业合作方面，既要深化在农林牧副渔、纺织、机电、矿藏能源的勘探开发等传统产业上的合作，也要加大在新能源、新材料、生物科技、航天和信息技术等战略新兴产业上联合研发投入，推进信息化和工业化的深度融合；同时以跨境产业合作园区建设为抓手，加快配套基础设施建设，促进产业集聚，优化产业链分工布局，提升产业竞争力。同时要提升跨国企业的全球化运作水平与能力，更加注重生态环境的保护和社会责任的承担。

（四）资金融通

提高资金融通和货币流通效率是“一带一路”建设的重要支撑。在货币体系合作方面，要不断扩大沿线国家双边本币互换、结算的规模和范围，逐步实现在经常项目下和资本项目下的本币兑换与结算，降低流通成本；在投融资体系合作方面，建成亚洲基础设施投资银行（AIIB）和金砖国家开发银行（NDB），充分发挥丝路基金和各国主权基金的引领导向作用，引导社会资金和商业性股权投资基金参与沿线重点项目建设。不断深化上海合作组织银行联合体、中国－东盟银行联合体的务实合作，以银行授信和银团贷款等方式广泛开展多边金融合作；鼓励沿线国家政府和实力强、信用等级高的企业和金融机构在区域内发行人民币或外币债券；在信用体系合作方面，要在征信机构、评级机构、征信管理部门之间建立高效的沟通交流与协调机制，加强跨境合作和危机联合处置机制。此外，在金融监管合作方面，推进签署双边监管合作谅解备忘录，建立监管协调机制，构建风险预警系统，制定跨境风险和危机处理预案。

（五）民心相通

民心相通是“一带一路”建设的社会根基，是丝绸之路友好合作精神薪火相传的纽带。在人才教育方面，各国应积极开展联合办学，扩大留学生互派规模，提供更多数量和形式的政府奖学金；并通过建立联合实验室、科技攻关中心、国际技术转移中心等形式促进沿线各国的科技和学术交流；在旅游文化方面，对口建立友好城市、简化旅游签证、扩大旅游规模，深入挖掘具有丝绸之路文化特色的国际旅游线路和产品，鼓励沿线国家联合举办国际体育赛事，开展体育交流，并通过举办青年论坛、文化节、电影节、图书展、艺术沙龙、联合申报和保护世界文化遗产等活动，为沿线人民提供交流机会与平台；在媒体医疗方面，可以联合摄制丝绸之路专题纪录片，翻译成多国语言在沿线各国播放，建立丝绸之路专题报纸和电视新闻频道，扩大宣传影响，并加强区域各国在疾病防控、医疗技术交流、公共卫生事件处理方面的交流合作。

此外，还要积极发挥非政府间组织（NGO）的作用，开展扶贫开发、医疗教育、公益慈善、生物多样性和环境保护等方面的合作。

第三节　“一带一路”倡议发展成果

一、“一带一路”倡议国际成果

自 2013 年“一带一路”正式提出以后，习近平主席和李克强总理出访足迹遍布亚非欧三大洲数十个国家，并在各类国际会议和多边合作平台上，孜孜不倦地宣传“一带一路”倡议，得到沿线国家的积极响应，签订了众多合作意向，取得了丰硕的成果。

2013 年 9 月，习近平总书记在访问哈萨克斯坦时提出，要用创新的合作模式，构建“丝绸之路经济带”，逐步形成区域大合作。

2013 年 10 月，习近平总书记在印度尼西亚国会发表演讲时提出，中国愿同东盟国家发展好海洋合作伙伴关系，共同建设“21 世纪海上丝绸之路”。

2014 年 2 月，习近平主席和普京总统就俄罗斯跨欧亚铁路与“丝绸之路经济带”和“海上丝绸之路”的对接问题达成了共识。

2014 年 4 月，李克强总理在博鳌亚洲论坛年会开幕大会上，特别强调要加快推进“一带一路”的建设。

2014 年 9 月，习近平出访蒙古、塔吉克斯坦、土库曼斯坦时倡议加强丝绸之路经济带合作；习近平出访马尔代夫、斯里兰卡和印度时倡议建设“21 世纪海上丝绸之路”。

2014 年 11 月，习近平主席在 2014 年中国 APEC 峰会上宣布，中国将出资 400 亿美元成立丝路基金，这是专门服务于“一带一路”的营运资金。

2015 年 4 月，习近平出访巴基斯坦，指出中巴经济走廊是“一带一路”倡议重要内容。在出席亚非领导人会议和万隆会议 60 周年纪念活动中，指出中国愿同有关各方一道推进“一带一路”建设。

2015 年 6 月，李克强总理访问欧盟总部及法国，指出“一带一路”倡议同欧盟 3150 亿欧元的“容克投资计划”有相通与契合之处，且对双方对接已有共识。

2015 年 10 月，习近平出访英国，指出要将中英合作与“一带一路”建设结合起来。

2015 年 11 月，李克强总理访问马来西亚，倡议共同推进“一带一路”建设取得实质进展。

2016 年 1 月，习近平出访沙特阿拉伯、埃及、伊朗指出中东是“一带一路”关键地区。

2016 年 3 月，习近平出访捷克，指出“一带一路”倡议中，中东欧是关键节点。

2017 年 12 月 8 日，中俄亚马尔液化天然气项目首条生产线正式投产，并在俄罗斯亚马尔—涅涅茨民族自治区萨别塔港举行首批液化天然气出产装船庆祝仪式。

2017 年 12 月初，来自 120 多个国家近 300 个政党和政治组织的领导人聚首北京，参加中国共产党与世界政党高层对话会。在这场盛会上，习近平主席说：“我提出‘一带一路’倡议，就是要实践人类命运共同体理念。4 年来，共建‘一带一路’已成为有关各国实现共同发展的巨大合作平台。”

2017 年 12 月 19 日，亚洲基础设施投资银行在北京宣布，亚投行理事会新批准库克群岛、瓦努阿图、白俄罗斯和厄瓜多尔 4 个意向成员加入。不到两年，亚投行成员总数从 57 个扩大至 84 个，成员从亚洲扩大到全球。

2017 年，“一带一路”建设结出累累硕果——不仅以亚马尔项目为代表的重大项目稳步推进，还涌现出一批更具体的建设规划和倡议：

在斯里兰卡，斯政府在科伦坡举行仪式，正式启动中斯汉班托塔港合作项目。在泰国，中泰铁路项目开工。在非洲，由中国企业承建的蒙内铁路正式通车，非洲大陆铁路电气化梦想成真。在欧洲，“一带一路”倡议下的跨境基础设施项目匈塞铁路项目举行塞尔维亚贝尔格莱德至旧帕佐瓦段开工仪式……

《中巴经济走廊远景规划》在巴基斯坦首都伊斯兰堡发布。规划把中国“一带一路”倡议和巴基斯坦“2025 发展愿景”深入对接，指导规划走廊建设，推动两国协同发展。巴基斯坦计划发展部长兼内政部长伊克巴尔在发布仪式上说，中巴经济走廊是两国全天候战略合作的重要体现，帮助巴基斯坦经济发展步入了快速增长轨道，社会各领域进步显著。

二、“一带一路”倡议国内成果

我国在国际上积极推进“一带一路”倡议的同时，在国内也不断做好“内功”，完善和丰富其战略内涵。在中央经济工作会议、中央财经工作领导小组会议、政府工作报告中强调其战略意义，并做出战略部署；成立以 1 位中央常委和 4 位国务委员组成的高规格的“一带一路”建设工作领导小组，加强顶层设计；同时发布了《推动共建丝绸之路经济带和 21 世纪海上丝绸之路的愿景与行动》，对“一带一路”倡议作出科学全面的阐释。

2013年12月，习近平总书记在2013中央经济工作会议上提出，推进“丝绸之路经济带”和“21世纪海上丝绸之路”建设，拉紧相互利益纽带。

2014年3月，李克强总理在《政府工作报告》中介绍工作重点时指出，将“抓紧规划建设丝绸之路经济带、21世纪海上丝绸之路”。

2014年11月，习近平总书记在中央财经领导小组第八次会议中强调，“一带一路”倡议能够把快速发展的中国经济同沿线国家的利益结合起来。

2014年12月，2014年中央经济工作会议提出“一带一路”是2015年重点实施的三大战略之一。

2015年1月，全国20个省份将“一带一路”写入政府工作报告，部分省份虽然不在核心范畴之内也明确表态积极融入。

2015年2月，“一带一路”建设工作领导小组成立，国务院副总理张高丽担任领导小组组长，四名副组长分别是王沪宁、汪洋、杨晶和杨洁篪。

2015年3月，国家发改委、外交部、商务部联合发布了《推动共建丝绸之路经济带和21世纪海上丝绸之路的愿景与行动》，“一带一路”路线图正式发布。

2015年12月，2015年中央经济工作会议指出“要抓好‘一带一路’建设落实，发挥好亚投行、丝路基金等机构的融资支撑作用，抓好重大标志性工程落地”。

2016年1月，习近平在亚洲基础设施投资银行成立仪式上，指出将继续欢迎包括亚投行在内的新老国际金融机构共同参与“一带一路”建设。

2016年3月，李克强总理在政府工作报告中指出，建设“一带一路”要统筹国内区域开发开放与国际经济合作，共同打造陆上经济走廊和海上合作支点。

2016年3月，中国国民经济和社会发展第十三个五年规划纲要指出推进“一带一路”建设要健全合作机制、畅通经济走廊、共创开放包容的人文交流新局面。

2016年5月，张德江在出席香港“一带一路”高峰论坛时，指出香港作为“一带一路”的重要节点，要充分发挥“超级联系人”的作用。

2017年5月份，在北京举行的“一带一路”国际合作高峰论坛成为“一带一路”建设进入新阶段的标志性事件。习近平主席在会上提出，要把“一带一路”建成和平之路、繁荣之路、开放之路、创新之路、文明之路。论坛形成政策沟通、设施联通、贸易畅通、资金融通、民心相通5大类，共76大项、270多项具体成果。

2017年5月14日，习近平主席在“一带一路”国际合作高峰论坛开幕式发表主旨演讲，提出要“践行绿色发展的新理念，倡导绿色、低碳、循环、可持续的生产生活方式，加强生态环保合作，建设生态文明，共同实现2030年可持续发展目标”；同月，环境保护部、外交部、发展改革委、商务部四部委联合印发《关于推进绿色“一带一路”建设的指导意见》，环境保护部发布《“一带一路”生态环境保护合作规划》。

在2017年12月份的一场新闻发布会上，外交部发言人华春莹表示，中方秉持共商、共建、共享原则推进“一带一路”合作，从来没有也不会寻求建立一国主导的规则。“一带一路”倡议提出以来，中方通过平等协商，已经同80多个国家和组织签署合作协议，同30多个国家开展了机制化产能合作，在相关24个国家推进建设75个境外经贸合作区，中国企业对相关国家投资累计超过500亿美元，创造近20万个就业岗位。

2017年12月18日，国家发展改革委、商务部、人民银行、外交部和全国工商联发布《民营企业境外投资经营行为规范》，从完善经营管理体系等五方面对民营企业境外投资经营进行引导和规范。

国家标准委 2017 年 12 月 22 日发布的《标准联通共建“一带一路”行动计划（2018—2020 年）》提出，要深化基础设施标准化合作，支撑设施联通网络建设，推动 5G、智慧城市等国家标准在相关国家应用实施。根据行动计划，到 2020 年，中国标准与国际和各国标准体系兼容水平将不断提高。

第四节 “一带一路”倡议的远景与意义

2015 年 3 月 29 日，国家主席习近平出席博鳌论坛时指出，“一带一路”合作倡议契合中国、沿线国家和本地区发展需要，符合有关各方共同利益，顺应了地区和全球合作潮流。“一带一路”的建设有利于沿线各国加强合作，促进区域繁荣，维护世界和平与稳定，是一项惠及全人类的伟大事业，对世界、“一带一路”沿线国家和我国都具有非凡意义。

一、助力经济新增长，促进发展均衡化

自 2008 年国际金融危机爆发以来，全球经济持续低迷、复苏缓慢，区域经济发展分化严重，各国经济发展形势依然严峻。中国作为一个负责任的世界大国，在国际金融危机深层次影响持续显现的时刻，没有选择独善其身，而是挺身而出，提出了建设“一带一路”的倡议，致力探寻世界经济增长的新动力，夯实全球经济健康、稳定、可持续发展的基础。传统的全球化发展依托海洋产生和兴起，沿海国家成为全球化的领导者和最大受益者，通过制定全球化规制、维护全球化秩序，以实现自身利益的最大化。与此同时，也造就了当前沿海和内陆国家经济发展的巨大差距、东方和西方世界的巨大隔阂，以及一系列不平等的国际规则。而“一带一路”倡议的提出，是全球治理模式和国际合作的积极探索，为广大内陆国家的经济交流与合作提供了一个广阔的平台，并且是由发展中国家建立并主导的区域合作新秩序，充分体现了处于发展“洼地”的发展中国家的国际利益诉求，有助于建立更加平等的全球发展伙伴关系，促进全球化均衡发展。

二、创新区域合作模式，促进区域一体化发展

当前在世界范围内，经济全球化与区域经济一体化并行不悖、相互交织，共同发展。早在 1997 年亚洲金融危机时，中国政府就庄重承诺“人民币不贬值”，赢得了亚洲及世界各国的广泛赞誉；在 2008 年更猛烈的全球金融危机中，中国不但没有实施“以邻为壑”的政策，而且从区域各国经济协同发展、互利共赢的角度出发，创新地提出了“一带一路”倡议。这一倡议是新时期区域合作与对外开放的伟大创新，集经济走廊理论、经济带理论、产业转移

理论、区域合作理论、国际分工理论、全球化理论于一体，为21世纪亚欧非大陆上的区域经济一体化发展带来了全新理念。

具体来看，中国将改革开放40年来的红利、经验和教训与“一带一路”沿线国家共享，将自己的产能优势弥补沿线国家产业发展的短板、以资金优势填补沿线国家基础设施建设的缺口、以技术优势全面助推沿线国家的产业升级、以市场优势牵引沿线国家的生产发展，为区域发展注入活力，促进区域一体化发展。

三、由大国到强国，提升中国国际话语权

“一带一路”倡议是中国积极参与全球治理和国际区域合作的重要顶层设计，积极构建开放型经济新体制、适应经济发展新常态、形成全方位对外开放新格局的重要举措。早在2010年，中国已成为世界第二大经济体，但是我国并未获得与此相应的国际地位和话语权，联合国、世界银行、国际货币基金组织、世贸组织长期被欧美等老牌资本主义国家所把持，中国等新兴国家难以参与国际规则的制定。

中国倡议建设“一带一路”，有利于维护开放型世界经济和全球自由贸易体系，为以我国为代表的广大发展中国家参与国际规则制定，维护欠发达国家的利益提供了机遇。在国内，“一带一路”是我国新时期对外开放战略的升级版，领域更大、范围更广、层次更深、水平更高。

首先，为我国参与国际投资与合作扩展了新空间。2014年中国对外投资额首次超过外商投资，成为净资本输出国。“一带一路”沿线的投资机遇与项目众多、潜力巨大，为我国的对外投资提供了广阔的空间，同时还有利于合理使用我国巨额的外汇储备，推进人民币国际化进程。其次，为我国在经济新常态下实现产业结构优化升级提供了新路径。中国与沿线国家经济发展阶段相异、优势互补，加强产业链合作有利于化解我国制造业产能过剩问题，合理产业分工布局。最后，为我国促进区域平衡发展提供了新契机。长期以来，我国对外开放沿海先行，取得了巨大的成就，广大内陆地区发展滞后，“一带一路”倡议为推进内陆沿边开放提供了千载难逢的机遇。

四、“一带一路”聚集力量，推动“人类命运共同体”发展

“一带一路”倡议是我国顺应世界新变化做出的重大战略决策，是我国自觉担当国际责任主动推进世界和谐共生的政治宣言，也是未来世界各国人民为结成真正命运共同体的奋斗基础，为最终实现人类命运共同体提供强大的思想奠基和动力保障。

（一）“一带一路”倡议凝聚着打造人类命运共同体的理论力量

“一带一路”倡议作为马克思主义在当下的具体运用，其理论力量深刻指导着全球化和对外开放具体实践，为当代世界注入了生命力、创造力和社会活力，便捷的交通通信特别是

网络的发展为“地球村”村民共担风险、命运与共提供了物质支撑和实现可能。对于打造人类命运共同体来说，“一带一路”倡议事关世界人民前途命运。

“一带一路”倡议具有全局性、稳定性、长期性，为建立更科学、更公正、更合理的人类命运共同体提供宝贵的制度设计和规则安排的经验。作为人类命运共同体的路径支撑和桥梁纽带，“一带一路”强调互联互通，倡导政策沟通、设施联通、贸易畅通、资金融通、民心相通，致力打造利益共同体、精神共同体和责任共同体，为最终实现政治上平等互信、经济上合作共赢、文明上交流互鉴、安全上守望相助、国际事务中团结协作作出尝试探索。

“一带一路”倡议就是要在推进过程中不断巩固和完善，破解目前世界建设中的难题，营造高度获得感和深刻幸福感的社会氛围，为打造人类命运共同体提供理论支撑和强大动力。在推进打造人类命运共同体“一带一路”倡议时，及时将“一带一路”倡议的新鲜经验升级为科学理论并发挥实践指导作用。毛泽东说过：“代表先进阶级的正确思想，一旦被群众掌握，就会变成改造社会、改造世界的物质力量。”[①]凝练诠释“一带一路”倡议新理论并释放转化为物质力量，必将带动各国人民共同参与到打造人类命运共同体的奋斗中来。

（二）“一带一路”倡议凝聚着打造人类命运共同体的实践力量

“一带一路”倡议弘扬共商、共建、共享原则，以开放包容、互利共赢为支撑，树立全球治理理念，充分发挥着打造人类命运共同体的主动作为。人民群众作为历史的主体和打造人类命运共同体的实践主体，在实施“一带一路”倡议中紧密联合，谋求世界各国人民的整体利益和共同心愿。

目前，“一带一路”倡议发展步入新时期，并进入“顶层设计”视野，是实现人类命运共同体的重要途径。“一带一路”倡议与人类命运共同体在思想逻辑上是一脉相承的，但实现“一带一路”倡议的人类命运共同体还需要解决一些关键性难点问题。未来，“一带一路”倡议需要在坚持和平、发展、合作、共赢原则的前提下明确发展思路，形成对“一带一路”倡议的正确认识，加强顶层领导规划，逐步建立和完善“一带一路”倡议体系，开展“一带一路”倡议创新，构建“一带一路”倡议基础设施体系。

此外，“一带一路”倡议通过各国谋求共同安全、合作安全以建立新型国家关系和国际秩序，巩固和扩大人类命运共同体的国际和民意基础，真正让命运共同体意识在人民心中生根，在促进合作共赢、增进理解信任、加强文化交流的基础上进一步推动人类命运共同体的构筑。作为打造人类命运共同体的重要里程碑，“一带一路”倡议既顺应了时代变革的潮流，又紧紧依靠各国人民来建设并共享，凝聚全球共识，契合人们根本利益和要求，共同致力实现命运与共、共享发展，激发了经济增长的创造活力，使世界人民未来都能“共同享有人生出彩的机会，共同享有梦想成真的机会，共同享有同自己祖国和时代一起成长与进步的机会。”[②]汇聚起各国人民强大的实践力量，为打造人类命运共同体而团结奋斗。

① 毛泽东：《毛泽东文集》（第8卷），人民出版社1999年版。

② 习近平：《习近平谈治国理政》，外文出版社2014年版。

（三）“一带一路”倡议凝聚着打造人类命运共同体的合作力量

全球化已经到了巨大挑战与机遇并存的紧要关头，深层次矛盾凸显需要加强顶层设计与具体实践。我国根据时代发展必然趋势和各国人民的意志及利益，围绕当代世界重大而紧迫的发展现实提出“一带一路”倡议。面对人类命运关键发展期，中国共产党挺身而出承担起国际责任和历史担当。打铁还须自身硬，打造人类命运共同体的重任要求中国不断提高国际竞争力和影响力，巩固中国共产党的执政地位，才能使“一带一路”倡议起着理念引领、政治协商、组织建设作用，为打造人类命运共同体提供可靠支撑和有力带动。

“一带一路”契合和平与发展的时代主题和世界潮流，超越了意识形态和社会制度，摒弃了“国强必霸”和“零和游戏”，其内涵中的合作共赢、命运共生的价值观深入人心，开创了经济、政治的和平发展新模式。以“一带一路”共筑互联互通、持久和平、共同繁荣的人类命运共同体，实现政治上平等互信、经济上合作共赢、文化上民心相通，最终造福最广大的世界人民。

2017 年，在逆全球化潮流涌动、贸易保护主义重新兴起的大背景下，亚洲区域经济合作势头不减反增，“一带一路”倡议成为亚洲区域经济一体化的重要拉动力。

博鳌亚洲论坛发布的《亚洲竞争力 2018 年度报告》指出，2017 年，“一带一路”倡议的红利集中显现，夯实了亚洲区域经济一体化的社会基础。首先，“一带一路”倡议提供了更多就业岗位、更高的收入。中国企业已经在 20 多个国家建设 56 个经贸合作区，为有关国家创造近 11 亿美元税收和近 18 万个就业岗位。此外，在“一带一路”倡议的推动下，沿线国家陆上、海上、天上、网上交通四位一体联通，方便了沿线国家的交往与经济合作。基础设施的连通是东盟经济一体化的基础，2010 年通过的《东盟互联互通总体规划》囊括 700 多项工程和计划，投资规模约 3800 万美元。中国的“一带一路”倡议不仅与许多项目与该规划重合，而且通过亚投行、金砖国家发展银行等金融机构提供资金支持，并提供质优价廉的商品和先进技术与成熟经验。

“一带一路”不是一个实体和机制，而是一种合作发展的理念和倡议，是依靠中国和有关国家既有的双多边机制，借助既有的、行之有效的区域合作平台，旨在借用古代“丝绸之路”的历史符号，高举和平发展的旗帜，与沿线国家共同打造政治互信、经济融合、文化包容的利益共同体、命运共同体和责任共同体。

第九章　多难兴邦铸就和丰富民族精神

第一节　多难兴邦及其启示作用

一、何为多难兴邦

“多难兴邦”一词最早出自我国古代第一部编年体史书《左氏春秋传》，意为国家多灾多难之时，一定条件下可以激励人民奋发图强、励精图治、战胜困难，使国家强盛起来。《左传·昭公四年》载：“邻国之难，不可虞也。或多难以固其国，启其疆土；或无难以丧其国，失其守宇。”这段记载表达了古代人民对灾难与兴国之间关系的理解，即不可小觑国家危难给人们带来的激励作用。

除《左传》的记载外，中国古代还有多部史籍和文章中对“多难兴邦”一词进行了记载。

晋·刘琨《劝进表》：“或多难以固邦国，或殷忧以启圣明。”此句意指国家多灾多难之时，一定条件下可以激励人民奋发图强，刘琨在此表中以此意劝告晋元帝奋发图强、振兴国家。

宋·司马光《资治通鉴》卷二百二十八·唐纪四十四·德宗建中四年载陆贽写给唐德宗的奏折中提道：“有以无难而失守，有以多难而兴邦。”

明英宗复辟诏书中也曾写道：“多难兴邦，高帝脱平城而肇汉；殷忧启圣，文王出羑里以开周。”光绪二十七年（1901 年）七月，李鸿章在他的遗折中写道：“窃念多难兴邦，殷忧启圣。伏读迭次渝旨，举行新政，力图自强。庆亲王等皆臣久经共事之人，此次复同患难，定能一心协力，翼赞讦谟，臣在九泉，庶无遗憾。”

“路漫漫其修远兮，吾将上下而求索”。在巨大的民族灾难面前，中国人践行着“天下兴亡，匹夫有责”的古训，为“兴邦”积极探索。从古人的记载中可以看出，在面对国家灾难时，他们都意识到了多难与兴邦之间的联系，认为灾难在一定程度上能够起到激励作用。灾难既是人们陷入困境的缘由，也是人们走出困境的动力。

二、“多难兴邦”的现代意义

如今，早已迈入现代文明社会的中国正在高速发展的轨道上，身处 2018 年的人们借鉴唐代名臣魏徵提出的“以史为镜，可以知兴替”，站在审视的角度、隔着数十年的时空，一起来回看“1998 年抗洪”和“2008 年汶川地震”带给国家和人民的精神启示。

2008 年汶川大地震发生后，时任国务院总理的温家宝又一次提出“多难兴邦”。地震灾害发生后，各界动员全社会的力量帮助灾区人民，温家宝总理也第一时间进入灾区进行慰问和部署、指挥救援工作。当总理走进一间临时教室时，看到黑板上写着“历史：五·一二汶川大地震涉及的相关专题”等字样，一位中年教师正在上课，激昂地说道：“现在是最困难的时候，我们要共同渡过这个难关……”随后，温总理亲切地对这位老师说：“我占用你几分钟，给同学们说几句话。”站在讲台上，温家宝诚恳地和同学们谈起心来：“同学们，你们都是高三学生了，这是人生中的一个重要时期，你们很快就要参加高考，国家已经考虑到这里的灾情，将四川地震灾区的高考时间往后推迟。我们一定要创造条件，让你们复习功课，准备高考。”听到这里，不少同学眼眶已然湿润。最后，温总理在黑板一侧，写下四个大字“多难兴邦”，并说道：“我们要记住这四个字，相信经受过灾难的同学会更加努力……将来会有一个新的北川中学。它将不仅是一种纪念，更是地震灾区人民和全国人民精神的一种象征。”

温总理写下的“多难兴邦”四个字，不仅仅是对灾区人民的勉励，也是所有中华儿女的勉励，中华民族的复兴之路注定充满坎坷与艰难，但古语有云“筚路蓝缕，以启山林”。灾难固然令人悲痛，但不得不承认它可以激发出人性之美和强大的凝聚力，激励着人们的斗志，灾难让不曾屈服的中华民族更加勇往直前。

如今距“2008 汶川地震”已过去十年，可那一年留给中华儿女关于苦难和不幸的记忆却并不会随着时间的流逝而消逝，反而激励着他们勇敢前行。本是芬芳和烂漫的季节，人们却承受着灾难带来的痛苦和对人性的拷问。然而，人们也更真切地体会到，罕见的灾害迅速成为凝聚这个多难的民族的一种力量，是华夏同心，也是不屈斗志。

殷忧启明，多难兴邦。灾难是对人民的唤醒与动员。建设更强大的祖国，锻造更伟大的民族，是我们从碎石残瓦、颓垣断壁中，从逝去同胞的血迹中，体会到的最迫切的渴望。在这场灾难中，中华民族的向心力得到新的巩固，凝聚力再次实现了新的升华。

第二节　1998 年抗洪回顾及抗洪精神

一、1998 年抗洪回顾

1998 年夏秋时节，我国长江、嫩江和松花江流域相继遭受了百年不遇的特大洪涝灾害。面对罕见的滔滔洪水，数百万抗洪军民在党中央领导下，顽强拼搏，团结奋战，抗洪前线百万军民以血肉之躯筑起了钢铁长城，抵御了一次又一次特大洪峰的袭击，保住了三江大堤，保住了重要城市和交通干线，取得了抗洪抢险斗争的伟大胜利。全国各地掀起了支援灾区、捐款捐物的爱国主义热潮。中国人民最终战胜了洪水，在这场保卫人民生命财产安全、保卫改革开放和现代化建设成果的重大斗争中取得了伟大的胜利。

在抗洪抢险的整个过程中，以江泽民同志为核心的第三代中央领导集体始终总揽全局，指挥着抗洪斗争。抗洪一开始，党中央便确定了“严防死守”和“三个确保”的基本方针。

1998年8月13日，在长江抗洪斗争的最后决战关头，江泽民总书记亲赴湖北长江防汛第一线视察汛情，指挥抗洪斗争，慰问抗洪军民，向抗洪军民发出战胜洪水的号召。抗洪军民发出了“誓与大堤共存亡”的誓言。

抗洪之战结束后，解放军出版社出版了长达六十余万字的《决胜三江——人民解放军和武警部队，98抗洪纪实》一书，辑录了二百四十多位作家和记者深入一线采写的七十多篇作品，从运筹帷幄、科学决策到调兵遣将、防御部署，从前线激战到后方保障，从抢险堵决到拥军支前，描述了陆海空三军合成作战的立体景观，展现了东南西北各个战场的恢宏气势。书中全面系统地反映了百万抗洪大军的整体风貌。书中的内容为抗洪之后人们的思考提供了一个途径，通过书中所描绘的场景和语言，让人们能够更多地了解当时的状况和这场大战所呈现的精神。

在《决胜三江》一书里，有这样一段描述：“……他们在大堤上几近疯狂地奔跑。他们知道，每填下一袋土石，堤坝就多了一分坚固，胜利就多了一分希望。跑着跑着，有的兵就倒下去了，没有倒下去的兵会把他架在一边，可是，只要他苏醒了，喝上一口水，啃上一口干粮，他还会扛起袋子继续加入那奔流不息的行列……”采写的作者阐述道：“在三条江的堤坝上，你可以向任何一个士兵打听，你问他这些天来参加过多少次抢险战斗，你问他到底驮运过多少袋填料，你问他究竟将多少个编织袋抛入江里，他绝对不会告诉你的，他说不清楚。对于这个问题，这个世界上没有任何人能够说得清楚，这是一个永远的未知数。”①

在这场斗争中所体现的伟大精神和美好的情操，远远不是一两本书能够描绘的，这将成为一个永远的话题，供人们长久思索。

二、灾难中所见抗洪精神

1998年9月28日，中共中央、国务院召开“全国抗洪抢险总结表彰大会”。会上，江泽民同志做了重要讲话：“在同洪水的斗争中，我们民族和人民展示出了一种十分崇高的精神，这就是万众一心、众志成城、不怕困难、顽强拼搏、坚韧不拔、敢于胜利的伟大抗洪精神。”②

（一）抗洪救灾中爱国主义精神和集体主义精神的体现

1998年抗洪抢险斗争取得胜利的原因是多方面的，但全体抗洪大军和中华民族在这场斗争中表现出来的伟大精神力量无疑是其中极其重要的因素之一。这种伟大精神，就是“万众一心、众志成城、不怕困难、顽强拼搏、坚韧不拔、敢于胜利”的伟大抗洪精神。③

中华民族是一个历史悠久、饱经磨难而不畏艰难险阻、勇于战胜一切困难的民族。为民治水的大禹给我们留下了很多中华民族珍贵的精神财富，如前仆后继、不畏困难、百折不挠

---

① 徐贵祥：《永远的话题　永远的歌——读1998年抗洪纪实<决胜三江>有感》，《中国图书评论》，1999（4）。
② 丘引：《1998年抗洪抢险》，《前进论坛》，1999（11）。
③ 李善修：《“九八抗洪精神”是中华民族极其宝贵的精神财富》，《周口师范高等专科学校学报》，2000（6）。

的奋斗精神，刻苦耐劳、公而忘私的优秀品质，勇于探索、坚韧不拔、身先士卒、万死不辞的英雄气概。正是这种精神，推动着我们这个古老民族求生存求发展，历经磨难而不衰，屹立于世界民族之林。在 1998 年的抗洪抢险斗争中，中华民族的这种传统文化精神与社会主义时代的公而忘私、舍生忘死、毫不利己、专门利人、全心全意为人民服务、一方有难，八方支援等共产主义精神交汇融合，陶冶锤炼，使中华民族精神得到升华，形成了伟大的抗洪精神。

长江、嫩江和松花江流域分布着一个个现代化工业城市和鱼米之乡，国民生产总产值占全国 1/3 的长江流域更是中国经济发展的黄金地带。保卫三江流域免受洪水之祸，就是保卫国家、集体和人民的生命财产，就是保卫改革开放的胜利成果。在抗洪抢险斗争中，我们的人民解放军和武警部队的爱国主义精神高涨。他们冲在前方，拼在险处，镇定自若，恪尽职守，在与滔天洪水的决斗中表现出坚韧不拔的豪迈气概，有效地保卫了国家和人民的生命财产。

在这场斗争中，灾区人民焕发出来的集体主义和共产主义精神也十分感人。为了确保京九铁路大动脉不被洪水冲毁，当江西永修段的护路堤出现险情时，老百姓毅然拆下自家门板、围墙，甚至扒掉整栋房屋将木料、砖石送至堤上，为保障铁路后期的正常运行贡献一份力量。大庆当地农民为保城市，挖开支堤，把滔滔洪水引向农田和村庄，充分体现了“牺牲小家，保住国家”的集体主义精神。

肆虐的洪水发生在长江、嫩江和松花江流域，但海内外中华儿女与灾区人民心连着心。灾害发生之后，三江流域的水情成为全国人民所牵挂、忧虑的一个焦点，人们的心情随着洪峰的一次次升降而起落，千万个家庭随着汛情通报的变化而忐忑不安。为了帮助灾区人民重建家园，举国上下各族人民，掀起了空前的捐赠热潮。

（二）抗洪救灾中体现出的崇尚科学精神

除了上述体现出的爱国主义精神和集体主义精神外，“多难兴邦”对人们的激励作用也体现在进一步推动尊重知识、尊重人才和崇尚科学精神方面。

抗洪抢险斗争之所以能够取得伟大胜利，其中一个重要原因是改革开放以来发展壮大的物质基础。中华人民共和国成立以来，经过长期努力建立起来的水利体系，依靠科学技术攻坚克难功不可没。许多科研单位和水利专家向中央及有关部门做出准确的灾区监测报告，为中央及时决策提供了宏观的科学依据。当武汉关水位超过危险水位时，武汉市防汛指挥部就邀请 10 位退休的老水利专家组成专家顾问组，为抗洪抢险出谋划策。作为“防汛”的“智囊团”，专家们提出了很多方案和建议，解决了抗洪中遇到的许多重大疑难问题。

事实证明，要战胜特大洪灾，光靠体力和勇气是不够的，必须尊重和掌握客观规律，充分发挥科技作用，要使经济建设真正转到依靠科技进步和提高劳动者素质的轨道上来。为此，人们应充分认识科学技术在经济发展中的关键作用，充分估量未来科学技术特别是高技术发展对综合国力、社会经济结构和人民生活的巨大影响。要尊重知识、尊重人才、崇尚科学，把加速科技进步放在经济社会发展的关键地位。①

“九八抗洪精神”是中华民族精神在当代中国的集中体现与升华，是爱国主义、集体主义

① 李善修：《“九八抗洪精神”是中华民族极其宝贵的精神财富》，《周口师范高等专科学校学报》，2000（6）。

和社会主义精神的大发扬，是我国综合国力的重要组成部分，是中华民族极其宝贵的精神财富。

（三）抗洪精神与水文化

1998 年我国人民在战胜历史罕见洪水中表现出的伟大抗洪精神，是中华民族精神在当代中国的集中体现，也是中国水文化在当代中国的集中体现。

水文化是亿万人民群众在与水打交道中共同创造的宝贵精神财富。1998 年的抗洪斗争充分展示了人民群众创造水文化的主体作用。

人类历史上自有与洪水搏斗，就有治水传统和抗洪精神，由此形成了历史悠久的中国水文化。中国水文化积千年之精华，深深地植根于中华民族的沃土之中，成为民族文化和民族精神的重要组成部分。从共工“雍防百川”到大禹“开掘九川”，大禹治服洪水时曾在茅山召开群神大会，并率众神将制服水妖，平定洪水。再从李冰父子修筑都江堰到刘彻指挥堵复瓠子决口，从潘季驯治理黄、淮、运，到近代的李仪社水利报国。[①]这种抗洪精神的文化底蕴是“天人合一”“神人合一”“人定胜天”。这是中国水文化的表现。

此外还应看到，伟大抗洪精神处处充满着水的底蕴。例如，“万众一心、众志成城”中蕴含着水接川纳溪、兼容并蓄的凝聚力；“不怕困难、顽强拼搏”中包含着水大江东去、百折不回的奋斗精神；“坚韧不拔、敢于胜利”中隐藏着水滴石穿、以柔克刚的坚定意志。

第三节　2008 年汶川地震回顾及抗震救灾精神

一、2008 年汶川地震回顾

2008 年 5 月 12 日 14 点 28 分，四川省汶川县发生突如其来的 8 级地震。瞬间，剧烈的地震冲击波迅速向外扩散，汶川以及周边的县市特别是汶川东北方向的北川县受灾十分严重。北京、宁夏、云南、上海等十几个省区市有震感。

地震发生后，党员、群众以各自的方式投入到救灾赈灾中，或不顾危险在灾区救人，或捐款捐物，或做义工，或宣传呼吁，各尽所能。中华民族同舟共济，患难与共，众志成城。

二、抗震救灾中所见民族精神

（一）同舟共济、患难与共的团结精神

为什么不同职业、地位、身份、学历、年龄的人们，对灾难采取了如此一致的立场，表

① 李宗新：《抗洪精神与水文化》，《中国水利》，1999（3）。

达了如此一致的真情，采取了如此一致的举措？其实，在我国几千年的历史文化中，风雨同舟、患难与共的思想与精神一直被倡导，在危难之际，这种流淌在中华民族血液中的精神迸发了出来。

“5・12”汶川大地震后，举国表现出了同舟共济、患难与共的精神。这种精神在我国文化中源远流长。从《左传》可以看到，在春秋时期，中华民族对救灾赈灾就非常自觉与重视，甚至以盟约的方式明确救灾责任。面对灾害，一方面，诸侯国内部组织自救，另一方面，诸侯国之间相互救助。几千年以来，中华民族形成了风雨同舟、患难与共的思想、精神与传统，这个优秀传统在汶川大地震后绽放为“5・12”抗灾精神。[①]

灾难过后，互助不仅是一种患难与共的精神体现，更是成为教育内容的一部分，促进了特定教育的形成。教育可以是学校的正规教育，也可以是其他形式的教育。当相互救助被认为是一种美德后，人们就用它来教育下一代，并在代代相传中形成一种文化传统，形成一种文化心理。几千年以来，风雨同舟、患难与共的思想一直被倡导，流淌在中华民族的文化血液中。汶川大地震后，国人的精诚团结、患难与共，就是这种思想被激发而绽放出的光辉，就是这种文化血液的激情澎湃。

我国悠久的历史长河中，曾出现了无数次自然灾害，其中有洪水、地震、瘟疫等，对我们的生存造成了毁灭性的威胁。面对强大的自然界，坚强的中华儿女，靠着一种信念与坚强不息的精神，战胜了无数次的自然灾害，将生命延续。这些宝贵的精神随着历史的发展，逐步凝固成一种文化。这种文化蕴含了不同时代人们都要面对的共同基本问题和价值取向，即热爱生命的坚强生存精神。

不论是上古时期大禹治水的神话，还是古代典籍中对数次灾难的记载，都是这种坚强精神的源头。这种坚强精神经过五千多年，一直传承至今。当我们面对地震灾难时，无论是抗震英雄还是自救民众，都体现出坚强生存、在大灾面前不屈不挠的优良品格，这种一脉相承的坚强意识、不屈不挠的人文精神已经在每代人中的血液中流淌。春秋战国时期，随着人类文化的发展，人们逐渐培养了自身宝贵的品质，即有责任心，有爱心等，这些宝贵的品质能使人们团结起来，产生家国之感，也正是这种家国之感使脆弱孤单的个体团结起来形成了足以对抗自然的坚强力量。面对汶川地震的灾难，人们不忧不惧，坚强果敢，勤劳地重建家园。

每当灾难来临之时，都有为之感动的义举，这些侠义心肠的人们用实际行动让我们明白什么是“舍生取义”。2500多年前，孔子就曾表述过一种文化价值理念：仁者爱人。经过中华历史长河的锤炼、洗礼，这种文明理念深入人心——一方有难、八方支援的境界被汶川大地震后的抗震救灾行动演绎得淋漓尽致，称其“大爱无边”一点不过。大爱是中华民族长期形成的一种价值精神，这一价值精神在灾难期间凸显。“良知”一词最早出于《孟子・尽心上》：“人之所不学而能者，其良能也；所不虑而知者，其良知也。”在唐代，“良知”通常被寓意为对社会国家民众的关怀方面，体现为一种更为博大深沉的感情和高度的理性，它是一种对事事关心的使命意识。

今天，我们以古为鉴，安民兴邦。当 2008 年“5・12”汶川大地震来临之时，全体中华儿女时刻关注灾区人民生活，力挺奉献，从而用坚强的行动和坚强的意志战胜巨大的灾难。地震发生后，数以万计抢险救灾的官兵英勇救援，无数民众自发参与救灾赈灾的无私行动，

---

① 邓曦泽：《从<左传>看抗震救灾精神之源远流长》，《北京青年政治学院学报》，2008（4）。

令人为之动容。

团结，自古以来就是中华儿女的优良传统。中国历史上，每逢国难当头，中华儿女都会紧紧团结起来，众志成城、共渡难关。无论是抵抗外侮还是抵御内难，我们从来都在团结的力量下紧紧相拥，释放出不可战胜的能量。

“5·12”地震灾害发生后，国家领导人第一时间亲赴灾区，现场指挥抗震救灾工作，体现了党和国家领导人与民休戚与共的情怀；十多万解放军和武警官兵奔赴灾区，成为抗震救灾的中坚力量；全国人民在同胞受难之际，及时伸出援手，捐钱、捐物、献血、志愿参与救援，通过各种方式和途径表达对灾区同胞的关心和支持；即便身处灾区，受灾民众之间也互相帮助，涌现了许多先人后己的感人故事。

“一方有难，八方支援”，正是中华民族众志成城的团结精神，由此迸发出的巨大能量使我们有能力将灾难的损失尽可能降低。众志成城的团结精神，符合中华文化的整体主义特点。受传统文化的熏陶，人们都希望生活在一个“四海之内皆兄弟”的美好社会。孔子讲“己欲立而立人，己欲达而达人”；墨子则主张“有力者疾以助人，有财者勉以分人，有道者劝以教人”。这些观点都体现了凝聚、团结以及互助的思想。在这样的文化传统孕育下的民族精神，当然会出现利人、助人甚至是舍己为人的传统与品格。汶川地震的发生和全民抗震救灾的过程，使整个中华民族经历了一场深刻的灵魂洗礼，激发了全国人民的手足亲情、爱国热情和民族意识，展示了全民族空前的凝聚力。①

时任国务院总理的温家宝同志在北川中学写下的“多难兴邦”，就是这种民族凝聚力的最好诠释。之所以多难可以兴邦，是因为中华民族是一个历经磨难而不衰、饱尝艰辛而弥坚的民族。大灾大难的来临，只会让人民更加团结、更加坚强。这种民族凝聚力形成了国家的脊梁。有了民族凝聚力，一个国家也就挺起了脊梁，就不会被任何困难和灾难所压倒。这次民族凝聚力的再现，给中华民族精神注入了新的元素、赋予了新的内涵，形成了具有时代特征和深远意义的抗震救灾精神。这种抗震救灾精神，就是万众一心、众志成城的民族精神，也是守望相助、共克时艰的互助精神。

在代代相传、延续至今的“良知”“坚强”的影响下，中华民族的身上都承袭了“以天下为已任”的历史责任感。文人用笔墨以济世安民，灾难来临时，坚强地书写现实悲怆的诗篇，为人民传诉心声。

（二）“以笔为旗”的文学力量

“汶川地震诗歌”是在2008年汶川大地震后出现的一个现象级产物。在这场诗人集体“以笔为旗”进行的抗震救灾中，地震诗歌写作激活了诗人对社会关注的现实感、道义感，同时也再一次引起了对文学与社会关系的深思。诗人写下了面对废墟的血泪与悲情，也写下了生命的道义和人性的救赎，这些诗歌彰显了地震中诗人的社会担当，也使处于同样现实境遇的亿万读者感同身受，所以更易引起大众的共鸣和反响。当汶川地震这样举世震惊的灾难发生后，生命的脆弱与绝望、死亡的恐怖与残酷、人性的守望与坚韧作为公共事件被淋漓逼真地呈现，成为比任何文学作品和任何艺术想象都更具真实震撼力的社会现场，诗人的目光和心

① 徐昌义：《对抗震救灾的文化思考》，《四川省社会主义学院学报》，2009（2）。

灵在共同关注中凝聚文学的力量，没有比用鲜血和泪水洗涤的灵魂更为洁净。①

（三）人文主义精神的体现

“5·12”大地震之后的抗震救灾行动充分体现了“救人第一，以人为本”的理念。灾难来临时，中华民族表现出的人文主义精神得到普遍认同。

人文精神是一种以人为对象、以人为中心的民族文化精神，其要旨在于以人为本位，尊重人的价值，关注人的生存，重视人的发展。人文精神既是传统精神的一个重要方面，又是当今时代精神不可缺少的内涵。这次抗震救灾，充分体现了中国共产党和中国政府对人的价值的尊重、对人的生命的尊重、对人的生存境遇的关怀。②

灾难来临时，第一珍贵的是生命。只要有一丝呼吸，救援人员就会花费几个小时、十几个小时去给一个生命希望。在全民关注下，这些救援场面是一次“以人为本、生命第一”人本精神的空前大普及。

对生命的尊重，对生命的珍视，是弘扬人文精神的体现。同时，在抗震救灾过程中，对于受灾群众的安置，也充满了人文关怀。受灾群众的衣食住行被安排得有条不紊，受灾群众的基本生活得到了保障。这种对人的生存境遇的关注，也是人文精神的展现。同时，为表达全国各族人民对地震遇难同胞的深切哀悼，国务院决定，2008 年 5 月 19 日至 21 日为全国哀悼日。在此期间，全国和各驻外机构下半旗志哀，停止公共娱乐活动。这是中华人民共和国成立以来第一次为普通百姓设立全国哀悼日。这种对遇难同胞的哀悼，也表达了对人的价值的尊重和关爱，显示了国家对人权的尊重保护。

“5·12”汶川大地震发生后，时任国家主席的胡锦涛同志指出：“在同特大地震灾害的艰苦搏斗中，我们的民族和人民展示了十分崇高的精神。这就是万众一心、众志成城、不畏艰险、百折不挠、以人为本、尊重科学的伟大抗震救灾精神。”这段话是对抗震救灾实践的精辟总结，也是对抗震救灾精神的深刻揭示。

“5·12”汶川大地震震惊世界，这场灾难也全面检验了中华民族的精神和中国改革开放三十年的成果。这场生命与灾难的抗争证明，中华民族的精神是刚毅的，中国改革发展的成果是卓著的。2008 年的中国，正值改革开放的关键时期和经济社会大转型的环境下，这次抗震救灾中全体中华儿女表现出的团结、互助、理解、宽容、良知、爱心、责任、使命正印证了“多难兴邦”的激励作用，这些美好品质和民族精神为形成新的价值观、道德观和行为标准奠定了基础，也将对中国今后政治、经济、文化和社会建设的发展产生深刻的影响。大灾面前，中国人民的公民意识和社会责任感空前高涨，是我国现代化建设深入到社会文化、精神价值层面的标志之一。

① 李润霞：《从“汶川地震诗歌”谈文学的社会救赎和审美限制》，《江海学刊》，2009（5）。
② 徐昌义：《对抗震救灾的文化思考》，《四川省社会主义学院学报》，2009（2）。

第四节　新时代民族精神的弘扬和培育

中华民族经历了五千年的风雨洗礼，其间遭受了无数的痛苦与磨难而依然屹立，这都是依靠了强大的民族凝聚力和不屈不挠的民族精神。如今，中华儿女并没有因为更加优越的生活条件而丢弃先辈们留下的宝贵遗产。当我们的祖国和同胞面临危难的时候，每一个中华儿女都会感同身受，并毫不犹豫地伸出自己的援助之手，困难越大，我们的心就靠得越近。这就是汶川地震发生以来，我们所见证的感人情景。事实上，这一点在2008年汶川地震发生后已经被反复验证了。①

民族精神是民族意识和民族文化当中最核心的组成部分，不同的民族精神是对于不同民族社会存在状况的真实反映。各族人民在长期的历史发展过程中，经过不断地实践和总结，将民族的传统文化、民族心理、价值观念以及思想意识形态等各方面不断凝聚，成为民族共同的精神内涵。②

文化自觉和文化自信能增强民族自豪感。在民族的凝聚力、创造力和生命力当中融入文化自信和文化自觉能有效发挥民族精神的激励作用。如果一个民族能在发展的过程中产生更加强烈的文化自觉和文化自信，就可以在民族繁荣昌盛之时，不断保持发展的态势；当面对困难与挫折时，也能以此种文化自觉和文化自信鼓舞自己，将挑战转化为机遇迎难而上。无论是古代还是现代社会中，中华民族在面对灾难时，总能涌现出一批彰显民族精神的人物，这其中，不仅仅是典型人物，也包括一些人物群像。在近代中国人民抵抗外敌反对压迫的历程当中，个人和群像式的爱国主义民族精神也起着关键性的作用。在1998年抗洪救灾和2008年抗震救灾的事件中，出现了大量民族精神的群像式体现。从国家层面的全面援救到社会各界的众志成城，从军人群体到教师群体，从专业救援人员到心理疏导人员，无一不在体现凝聚的民族精神。从古代到近代再到步入现代，民族精神始终贯穿于人们的文化自觉和文化自信中。近代中国曾因被入侵遭受重创，人们的文化自信被削减，但仍不乏有识之士面对国家危亡的困境时自我觉醒，联合更多的有志之士、有识之士力挽狂澜、进行革命。这充分说明文化自觉和文化自信对于培育新时代的民族精神具有积极向上的引领作用。不仅如此，在社会意识和社会精神方面，一个民族的文化自觉和文化自信都可以为本民族全体成员价值观的形成与发展发挥积极的导向作用。

综合国力，主要是指经济实力和技术实力。这种物质力量是基础，但也离不开民族精神和民族凝聚力，精神力量也是综合国力的重要组成部分。一个民族，一个国家如果没有自己的精神支柱，就形不成合力，就等于没有灵魂，就会失去凝聚力和生命力，再强大的经济实力和技术实力也难以充分发挥作用。③

中华民族有自己伟大的民族精神，这种民族精神积千年之精华，博大精深，根深蒂固，是中华民族生命机体中不可分割的重要组成部分。中华民族在五千年的发展中，历经磨难而

---

① 钱金叶：《多难兴邦，中华民族的优秀文化更加辉煌》，《中国城市金融》，2008（6）。

② 张玉凤：《提升文化自信需熔铸民族精神》，《人民论坛》，2018（2）。

③ 李善修：《“九八抗洪精神”是中华民族极其宝贵的精神财富》，《周口师范高等专科学校学报》，2000（6）。

信念愈坚，饱尝艰辛而斗志更强，开发建设了祖国的大好河山，创造了灿烂的中华文明。无论是抗洪抢险斗争中铸造的抗洪精神，还是汶川地震后抗震救灾中体现的抗震精神，都是中华民族的民族精神在当代中国的集中体现和新的发展，是我们民族最美好最高贵思想品格的集大成。

抗洪精神，是广大军民用鲜血浇灌的精神文明之花。如今，抗洪精神已经成为精神文明建设的宝贵财富，是教育和鼓舞人民团结奋斗的一面旗帜。1998 年抗洪救灾中体现的抗洪精神是现代教育中进行世界观、人生观、价值观教育生动的教材。抗洪大军正是有着正确的世界观、人生观、价值观，在抗洪中就拥有了号召力、凝聚力、向心力和战斗力。他们力挽狂澜，救国于危难。这种勇气和力量以及不怕苦、不怕累的爱国主义和集体主义精神，就源自正确的世界观。[①]

抗洪精神也是进行道德教育的精神食粮。道德教育的过程不仅仅是传授道德知识，同时更是塑造人类灵魂的过程。伟大的抗洪精神具备道德教育的稳固基础，它可以实现铸造人们崇高灵魂的重大使命，是道德教育的良好精神食粮，因为它本身所反映出来的高尚道德，是客观的现实存在。人们在面对国家灾难时，体现出的道德品质和人性，都会经过实践的检验。无论是 1998 年抗洪还是 2008 年抗震，这些灾难事件是人们共同经历过的，有着共同的灾难记忆以及经历过的民族精神的高涨，无论是记忆还是民族精神都将是后人道德教育中必修的一课，这些历史中所体现的精神和道德都将通过教育内化为每代人应该传承的优良品质。

无论是 1998 年抗洪精神还是 2008 年抗震精神，其中全社会表现出的凝聚与互助都是一种大爱的体现。

传统大爱体现了社会主义核心价值观的内容，建立在平等的经济关系和民主的社会关系基础上的人与人之间的关系，应当是一种团结、互助、同情、友爱的新型人际关系。这样一种人际关系，既是对传统文化中“仁爱”理念的继承，又是对传统“仁爱”的历史性超越；既是对西方文化中人道主义因素的吸纳，又是对西方人道主义的历史性扬弃。以人为本，充满关爱，是社会主义的本质要求，是维系社会成员的情感、推动社会变革与发展不可或缺的强大精神力量。

“以人为本”“民主公正”的社会主义核心价值理念渗透于人与人之间关系层面，表现为多层面的社会关爱取向：对国家，人人都是主人，当国家遇到危难的时候，人民应以极大的爱国主义热情自觉地共赴国难，共克时艰；对人民，国家是温暖的家园，当人民遇到危难的时候，国家应动员一切力量予以救援，万众一心，众志成城；对他人，每一个人都是依靠，当他人遇到危难的时候，人人都应毫不犹豫地伸出援助之手。[②]1998 年洪水灾害和 2008 年汶川大地震发生后，人们所经历的无数催人泪下的感人事迹，极其生动地诠释着社会主义关爱之情。在大灾大难面前，在生死考验之中，一切个人得失显得那样的微不足道，一切个人恩怨都显得那样的毫无价值，而唯有人与人之间的真诚关爱弥足珍贵。当人们从废墟中挖出一个个用自己的血肉之躯掩护学生生命的老师的时候，当亿万人民自觉地为灾区人民捐款捐物、出力献血的时候，当无数志愿者不辞辛苦奔忙在灾区的各个角落给伤员和儿童送去温暖的时候，我们深深感受到人与人之间的相互关爱是多么伟大。正是这种自觉的、真诚的关爱之情、

① 万方：《抗洪精神是精神文明建设的宝贵财富》，《江西社会科学》，1999（2）。

② 徐昌义：《对抗震救灾的文化思考》，《四川省社会主义学院学报》，2009（2）。

仁爱之心，为传统文化中的“仁者爱人”之说注入了新的时代内容。

2018 年 3 月 20 日，习近平主席在第十三届全国人民代表大会第一次会议上的讲话中深刻论述了中华民族精神，是对现代中国中华民族精神的一次总结。他提道：

“人民是历史的创造者，人民是真正的英雄。波澜壮阔的中华民族发展史是中国人民书写的！博大精深的中华文明是中国人民创造的！历久弥新的中华民族精神是中国人民培育的！中华民族迎来了从站起来、富起来到强起来的伟大飞跃是中国人民奋斗出来的！”

“中国人民是具有伟大创造精神的人民。今天，中国人民的创造精神正在前所未有地迸发出来，推动我国日新月异向前发展，大踏步走在世界前列。我相信，只要 13 亿多中国人民始终发扬这种伟大创造精神，我们就一定能够创造出一个又一个人间奇迹！”

“中国人民是具有伟大奋斗精神的人民。今天，中国人民拥有的一切，凝聚着中国人的聪明才智，浸透着中国人的辛勤汗水，蕴涵着中国人的巨大牺牲。我相信，只要 13 亿多中国人民始终发扬这种伟大奋斗精神，我们就一定能够达到创造人民更加美好生活的宏伟目标！”

“中国人民是具有伟大团结精神的人民。今天，中国取得的令世人瞩目的发展成就，更是全国各族人民同心同德、同心同向努力的结果。中国人民从亲身经历中深刻认识到，团结就是力量，团结才能前进，一个四分五裂的国家不可能发展进步。我相信，只要 13 亿多中国人民始终发扬这种伟大团结精神，我们就一定能够形成勇往直前、无坚不摧的强大力量！”

“中国人民是具有伟大梦想精神的人民。今天，中国人民比历史上任何时期都更接近、更有信心和能力实现中华民族伟大复兴。我相信，只要 13 亿多中国人民始终发扬这种伟大梦想精神，我们就一定能够实现中华民族伟大复兴！”

参考文献

[1] 习近平谈治国理政[M]. 北京：外文出版社，2014.

[2] 中共中央宣传部. 习近平总书记系列重要讲话读本（2016年版）[M]. 北京：学习出版社、人民出版社，2016.

[3] 范丽青. 台湾变局：民进党与国民党的政权争战[M]. 北京：新华出版社，1998.

[4] 李家泉. 一国两制与台湾前途：中国海峡两岸关系探讨[M]. 北京：人民出版社，1991

[5] 邓小平文选：第三卷[M]. 北京：人民出版社，1993.

[6] 何亚非. 风云激荡的世界——从全球化发展看中国的机遇与挑战[M]. 北京：人民出版社，2017.

[7] 钟龙彪. 构建新型国际关系[M]. 天津：天津人民出版社，2016.

[8] 李宗新. 抗洪精神与水文化[J]. 中国水利，1999（3）.

[9] 杨峥嵘. 习近平新时代中国特色社会主义思想的科学内涵、指导意义和理论体系[J]. 江南社会学院学报，2017（12）.

[10] 王仙先. 目前我国经济形势对科技创新的影响分析[J]. 经济研究导刊，2017（3）.

[11] 廖五州. 发展绿色经济，打造“美丽中国”[J]. 人民论坛，2017（4）.

[12] 蔡锐华. 构建绿色经济发展模式的几点思考[J]. 中国党政干部论坛，2017（8）.

[13] 温天力. 简论我国共享经济的发展[J]. 长白学刊，2017（6）.

[14] 曾建丰. 两岸携手共同探索“一国两制”的台湾模式[J]. 现代台湾研究，2018（Z1）.

[15] 张萍. 丝绸之路历史地理信息系统建设的构想及其价值与意义[J]. 陕西师范大学学报：哲学社会科学版，2016（1）.

[16] 张建平，樊子嫣. “一带一路”国家贸易投资便利化状况及相关措施需求[J]. 国家行政学院学报[J]. 2016（1）.

[17] 吴迎新. 海上丝绸之路沿线国家和地区合作研究——以海洋产业竞争优势及合作为中心[J]. 中山大学学报：社会科学版，2016（2）.

[18] 徐绍华，李海樱，蔡春玲. 中外丝绸之路战略比较研究[J]. 云南行政学院学报，2016（1）.

[19] 刘卫东，高菠阳，等. “一带一路”倡议的理论建构：从新自由主义全球化到包容性全球化[J]. 地理科学进展，2017（11）.

[20] 王义桅. “一带一路”2.0引领新型全球化[J]. 中国科学院院刊，2017（4）.

[21] 戈登·布朗. 全球化的新议程[J]. 中国新闻周刊，2018（1）.

[22] 宣言. 为有源头活水来[N]. 人民日报，2018-04-02.

[23] 新常态”成为治国理念的 7 个月之旅[N]. 亚太日报，2014-12-09.
[24] 苏跃辉，孙文娜. 科学认识和积极培育共享经济[N]. 人民日报，2017-04-24.
[25] 国家信息中心. 中国共享经济发展年度报告（2018）[N]. 经济日报，2018-03-02.
[26] 习近平. 决胜全面建成小康社会　夺取新时代中国特色社会主义伟大胜利——在中国共产党第十九次全国代表大会上的报告[R]. 北京：人民出版社，2017.
[27] 中共中央关于深化党和国家机构改革的决定[EB/OL]. http://cpc.people.com.cn/n1/2018/0305/c64094-29847159.html.
[28] 丁薛祥. 深化党和国家机构改革是推进国家治理体系和治理能力现代化的必然要求[EB/OL]. http://cpc.people.com.cn/n1/2018/0312/c64094-29861242.html.
[29] 唐晓阳. 深化党和国家机构改革的新里程碑[EB/OL]. http://www.southcn.com/nfdaily/nis-soft/wwwroot/site1/nfrb/html/2018-03/05/content_7706141.htm.
[30] 王晨作关于《中华人民共和国宪法修正案（草案）》的说明（摘要）[EB/OL]. http://www.xinhuanet.com/politics/2018lh/2018-03/06/c_1122496003.htm.
[31] 习近平“新常态”表述中的“新”和“常”[EB/OL]. 中国新闻网，2014-08-10.
[32] 习近平首次系统阐述“新常态”[EB/OL]. 新华网，2014-11-09.